香远益清

XIANGYUAN YIQING

历代诗人笔下的荷

梅庆吉 编著

大连出版社
DALIAN PUBLISHING HOUSE

图书在版编目(CIP)数据

香远益清:历代诗人笔下的荷/梅庆吉编著. —大连:大连出版社, 2010.10

ISBN 978-7-80684-998-9

Ⅰ.①香… Ⅱ.①梅… Ⅲ.①古典诗歌—作品集—中国 Ⅳ.①I222

中国版本图书馆CIP数据核字(2010)第167513号

出 版 人:刘明辉
策划编辑:刘晓媛
责任编辑:刘晓媛
封面设计:张 金
版式设计:刘晓媛
责任校对:金 琦
责任印制:刘振奎

出版发行者:大连出版社
地址:大连市西岗区长白街12号
邮编:116011
电话:0411-83620674/83620941
传真:0411-83610391
http://www.dl-press.com
E-mail:cbs@dl.gov.cn
印 刷 者:大连图腾彩色印刷有限公司
经 销 者:各地新华书店

幅面尺寸:170mm×235mm
印 张:13
字 数:180千字
印 数:1～3500册
出版时间:2010年10月第1版
印刷时间:2010年10月第1次印刷
书 号:ISBN 978-7-80684-998-9
定 价:42.00元

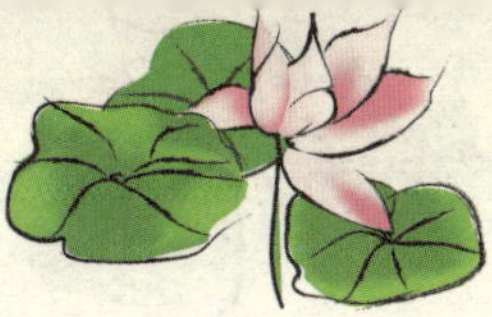

目录

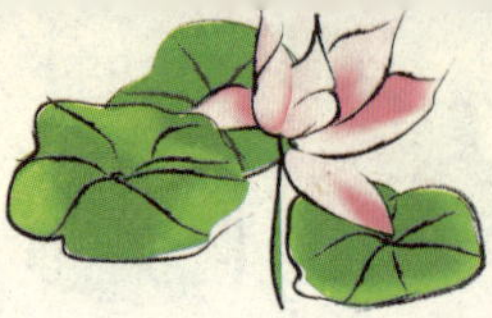

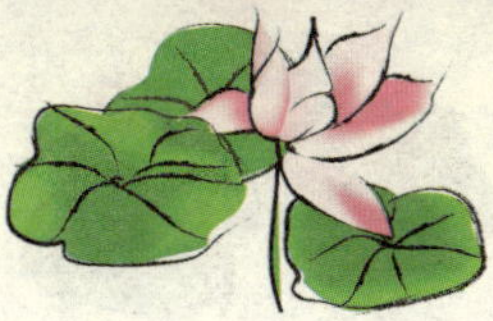

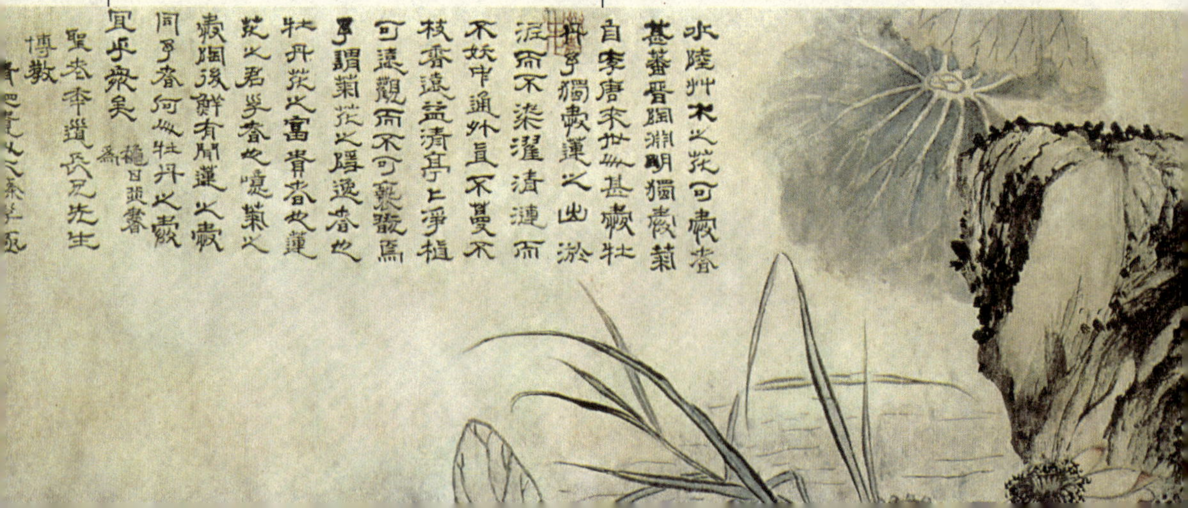

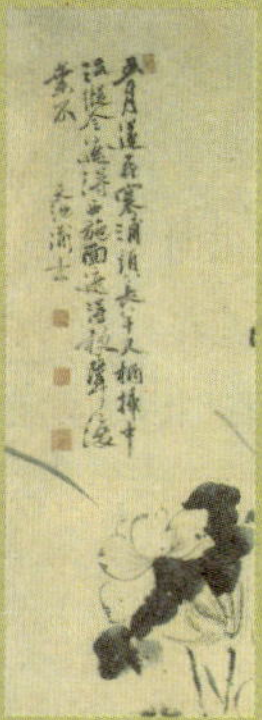

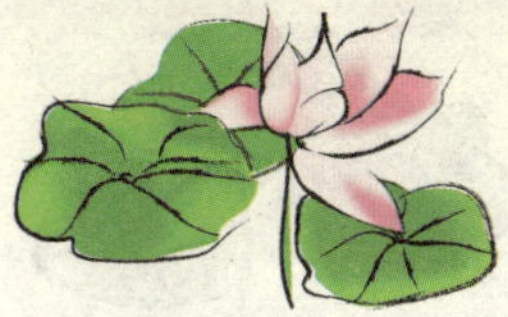

江南①

[西汉]无名氏

江南可采莲，莲叶何田田②。
鱼戏莲叶间。鱼戏莲叶东，
鱼戏莲叶西，鱼戏莲叶南，
鱼戏莲叶北。

【难点疏通】

①江南：这是一首汉乐府诗，属《相和歌辞·相和曲》。《乐府解题》云：“《江南》，古辞，盖美芳晨丽景，嬉游得时也。”乐府本是汉武帝时设立的一个掌管音乐的官署，它除了将文人歌功颂德的诗配乐演唱外，还担负采集民歌的任务。这些乐章、歌辞后来统称为“乐府诗”或“乐府”。 ②田田：荷叶茂盛的样子。

【诗义解说】

江南是可以采莲的地方，成片的莲叶长得大而且圆。有鱼儿游戏在莲叶之间。一会儿游到莲叶的东边，一会儿游到莲叶的西边，一会儿游到莲叶的南边，一会儿游到莲叶的北边。

北宋·赵令穰《湖庄消夏图》

赵令穰，汴京（今河南开封市）人，字大年，生卒年不详，宋太祖赵匡胤五世孙。读书能文，遍览经史，戏弄翰墨，尤得丹青之妙。擅画设色平远小景，写陂湖林樾烟云凫雁之趣，荒远闲暇，风格清丽，名重于时。此图为湖塘小景，湖岸边荷叶田田，绿柳披拂，树丛中掩映着几户渔家。画面上雾气很重，缭绕于树木中间，许多树木只见底部和树梢，一股夏季湿润的气息扑面而来。树干用浓墨描绘，树叶或用笔横染，或下笔细勾，变化多端。房屋则用笔工细。

古诗十九首·涉江采芙蓉

[东汉]无名氏

涉江采芙蓉[①]，兰泽多芳草[②]。
采之欲遗谁[③]？所思在远道[④]。
还顾望旧乡[⑤]，长路漫浩浩[⑥]。
同心而离居[⑦]，忧伤以终老[⑧]。

【难点疏通】

①芙蓉：荷花的别名。 ②兰泽：生有兰花的沼泽。 ③遗(wèi)：赠。 ④远道：犹言“远方”。 ⑤旧乡：故乡。 ⑥漫浩浩：犹“漫漫浩浩”，形容路途遥远无尽头。 ⑦同心：古代习用语，多用于男女之间的爱情或夫妇感情融洽。 ⑧终老：终生。

【诗义解说】

渡过江去采荷花，长满兰花的水泽边生着许多芳草。采来荷花香草想要送给哪个人？所思念的人却在远方。我所思念的人也一定回头在看着故乡，可是长路漫漫也只能徒然心焦。虽然心心相印却不能生活在一起，只能怀着一颗痛苦的心忧伤到老。

北宋·赵佶《池塘秋晚图》

赵佶(1082～1135)，即宋徽宗。在位二十五年，国亡被俘受折磨而死。有很深的艺术造诣，潜心于书法和绘画，亲自掌管翰林图画院，将御府所藏历代书画辑成《宣和书谱》《宣和画谱》《宣和博古图》等书。他的绘画以山水花鸟为主，书法则独创“瘦金体”。本幅以荷鹭为主体，将各种动、植物分段安排在画面上。卷首画红蓼与水蜡烛，暗示水岸。接着白鹭一只迎风立于水中。荷叶欹倾，水草顺成一向。荷叶有的绿意未退，有的则枯萎残破，墨荷与白鹭之间的黑白对比，增强了水墨色调的变化关系。后有鸳鸯一飞一游，红蓼、水蜡烛及枯荷装点出萧瑟的秋意。而白鹭的眼神、鸳鸯的动向尚有往后延伸之势，让观者有意犹未尽之感。这里所选为荷叶一段。

芙蕖 [西晋]傅玄[①]

煌煌芙蕖[②]，从风芬葩[③]。
照以皎日，灌以清波。
阴结其实[④]，阳发其花。
金房绿叶[⑤]，素株翠柯[⑥]。

【难点疏通】

①傅玄(217～278)：字休奕，北地郡泥阳（今陕西耀县东南）人，西晋初年文学家、思想家。举秀才后，除郎中，参与编写《魏书》。后参与安东、卫军军事，转温县令，再迁弘农太守，领典农校尉。精心政务，忠于职守，数次上书，陈说治国之策，指出时弊。诗以乐府诗体见长。今存诗六十余首。　②煌煌：形容明亮。这里指荷花开得鲜艳。　③芬葩：花散发出清香。　④阴：此指埋在水下泥土里。　⑤金房：本指蜂房。此指莲蓬。　⑥株：这里指藕。

【诗义解说】

荷花开得多么茂盛，顺着风吹来阵阵花香。明丽的阳光照在花间，花朵倒映在碧波之上。在水下泥土里生长果实，鲜花在水面上开放。金色的莲蓬绿色的叶子，莲藕洁白荷干翠绿而又颀长。

南宋·马和之《毛诗陈风图·泽陂》

马和之，生卒年不详，活跃于南宋高宗年间。钱塘（今浙江杭州)人。高宗绍兴中(1131～1162)登第，官至工部或兵部侍郎，画院待诏。擅画佛像、界画、山水，尤擅人物，创用柳叶描，用笔起伏，线条粗细变化明显，着色轻淡，笔法飘逸流利，活泼潇洒，富有韵律感，自成一家。有“小吴生”之称。高宗尝书《诗经》三百篇，命和之每篇画一图，汇成巨帙，惜仅成五十余幅即去世。此所选为其中一幅，是为《诗经·陈风·泽陂》所配的图。图绘岸边草亭一间，一士人卧于亭内床上，正抬头观望池塘里的荷花。用笔工细，造型形象真切。

咏荷 [西晋]张华[①]

荷生绿泉中，碧叶齐如规[②]。
回风荡流雾[③]，珠水逐条垂。
照灼此金塘[④]，藻曜君玉池[⑤]。
不愁世赏绝，但畏盛明移[⑥]。

【难点疏通】

①张华(232～300)：字茂先，范阳方城（今河北固安县）人。西晋文学家、政治家。曾在范阳太守鲜于嗣推荐下任太常博士，又迁佐著作郎、长史兼中书郎等职。曹魏代西晋后，又迁黄门侍郎，封广武县侯，官至司空，封壮武郡公。八王之乱中，被赵王司马伦杀害，夷三族。其诗作今存三十二首。 ②规：一种画圆的工具。 ③回风：回旋的风。 ④金塘：坚固的石塘。对池塘的美称。 ⑤藻曜：华丽的光彩。玉池：池沼的美称。 ⑥盛明：花盛开的时候。移：指被人摘走。

【诗义解说】

荷花生长在清澈的水中，碧绿的叶子像画出来一样整齐。微风吹散了池塘上的雾气，波浪拍打着出水的荷枝。阳光照耀在美丽的池塘上，艳丽的颜色倒映在玉池里。不愁没有人前来欣赏，怕的是盛开以后被人们转移。

南宋·赵葵《杜甫诗意图》

赵葵(1186～1266)，字南仲，号信庵，一号庸斋，衡山（今属湖南）人。曾任枢密使兼参知政事、广西宣抚使、两淮宣抚使等职。工诗文，善墨梅，苍枝老干，枝杈突兀。此图以唐代诗人杜甫“竹深留客处，荷净纳凉时”诗句立意，抒写江南一片竹林的平远景色。画卷丛篁茂密，竹林中隐约可见一条蜿蜒小路，有二人策驴缓行，竹林里有盘曲迂回的浅溪，沿溪水穿过竹林，豁然一塘清波，水面荷叶荡漾，临流水阁数间，屋后竹篱小桥，溪流潺潺。笔墨秀逸，竹竿动笔婉媚中具刚直，竹叶则劲利中见柔和，小枝用笔随意点缀，飞翻偃仰情态各异。墨的浓淡干湿更是丰富多彩，表现了竹的远近、老嫩和枯润。

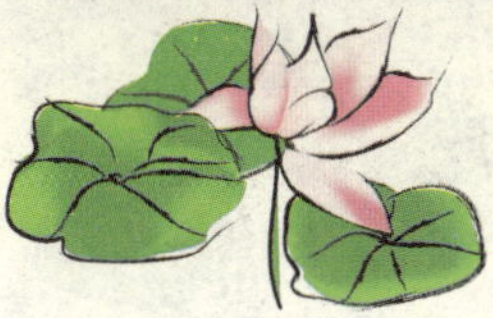

芙蕖 [西晋]陆云①

绿房含青实②，
金条悬白璆③。
俯仰随风倾，
炜烨照清流④。

【难点疏通】

①陆云(262～303)：字士龙。晋吴郡（今上海松江）人，文学家。好学，有才思，五岁能读《论语》《诗经》，六岁能写文章，与兄陆机齐名，号称“二陆”。年十六举贤良。晋太康十年(289)，与陆机离家入洛，刺史周浚召为从事。后任浚仪令、郎中令、清河内史等。其兄因事被杀，陆云也一起遇害。 ②绿房：指莲蓬。 ③金条：指荷叶的梃。白璆(qiú)：指像玉一样的白色的莲子。璆，美玉。 ④炜烨：鲜明光亮。

【诗义解说】

绿色的莲蓬里包含着青色的果实，金色的枝条上悬着洁白如玉的莲子。随着风莲蓬时高时低，美丽的荷花映照在清澈的水里。

南宋·佚名《白莲社图》

此卷以长短兰叶描法绘东晋慧远法师于庐山东林寺白莲池边结社的故事。全图共分八段，有人在虎溪桥边相对而笑，有人扶杖在林间细语，有人踞床讲经，有人在围床听经，有人在普贤像前捧经诵佛，有人在围桌前研经。白莲池畔、虎溪水边，主人们刚刚散去，一僮仆在洗涮茶具，一头麋鹿在低头觅食，还有人在溪边洗足。全图共绘十九个人物，僮仆十二人，姿态各异，神情迥然。全图纯用白描，画技高超，笔法飘逸流畅。这里所选为其中的一部分。

咏芙蓉

[南朝·梁]沈约①

微风摇紫叶，轻露拂朱房。
中池所以绿，待我泛红光②。

【难点疏通】

①沈约(441～513)：字休文，吴兴武康（今浙江德清）人，南朝史学家、文学家。出身于门阀士族家庭。历仕宋、齐、梁三朝。诗风创“永明体”，为“竟陵八友”之一。梁武帝萧衍封他为建昌县侯，官至尚书左仆射，后迁尚书令，领太子少傅。　②泛红光：指盛开的红花。

【诗义解说】

微风吹拂着紫色的荷叶，晶莹的露水洒在红色的莲房上。池塘里的水之所以会变得那么清澈，就是在等待我荷花放出红色光芒。

南宋·佚名《莲社图》

此图所绘为东晋太元六年(381)僧人慧远等十八人在庐山东林寺建莲社的故事。图的场面宏大，周边群山环绕，中间一池莲花，围绕莲池展开了各种人物活动，有的在闲步，有的在交谈，有的骑马而来，有的坐坛讲经，有的围坐研讨，有的刚从山后赶来。中间穿插着一些僮仆，有的端茶，有的洗碗，有的挑担。人物虽多，但情态各异，设色典雅，安闲而清幽。

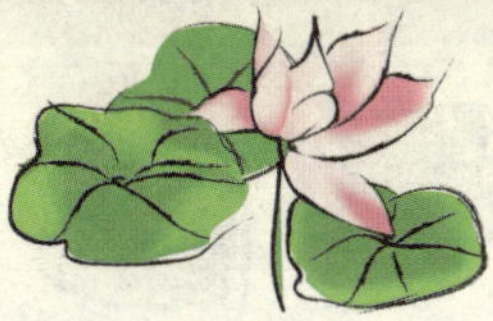

咏新荷应诏 [南朝·梁]沈约

勿言草卉贱，幸宅天地中①。
微根才出浪，短干未摇风。
宁知寸心里②，蓄紫复含红。

【难点疏通】

①宅：生长。 ②宁知：怎知道。

【诗义解说】

不要说草卉本来低贱，庆幸的是生长在天地之中。小根刚刚长出水面，短小的枝干风还无法把它吹动。怎知道它的那颗心里，蓄积着紫色还包含着鲜红。

南宋·佚名《莲社图》

此图用白描手法绘东晋高僧慧远在庐山东林寺结盟白莲社的故事。因为寺内种有白莲，故称“莲社”。参加莲社的有陶渊明、谢灵运、宗炳、陆修静、周续之、刘程之、张野等人。图中第一段绘陶渊明因腿疾由人抬着回去，第二段绘谢灵运骑马到莲社来，第三段绘慧远送陆修静过虎溪，第四段绘周续之等人做佛事，第五段绘两僧人在对话，第六段绘刘程之在校经，第七段绘宗炳等携杖游山归来，第八段绘雷次宗等人在听讲，最后绘张野在浴足观瀑。山石树木用笔细腻，人物表情生动，奔流的小溪似可听到流水声，画面构图及笔墨技巧都表现出相当高的水平。此处所选为局部。

咏荷 [南朝·梁]江洪①

泽陂有微草②，能花复能实。
碧叶喜翻风，红英宜照日③。
移居玉池上，托根庶非失④。
如何霜露交，应与飞蓬匹⑤。

【难点疏通】

①江洪：济阳（今属山东）人。生卒年不详，约梁武帝天监元年前后在世。齐竟陵王子良尝夜集学士，刻烛一寸，为诗四韵。江洪与萧文琰、丘令楷等共打铜钵立韵，响灭则诗成，皆可观览。仕梁为建阳令，因事被处死。 ②陂：池塘，水边。微草：指荷。 ③红英：红花。 ④庶：差不多。 ⑤飞蓬：一种野草，其根短浅易断，秋季枯干后，由于体轻，遇风根断，随风飘走。匹：为伍。

【诗义解说】

水泽边长着一种小草，既能开花也能结出果实。碧绿的叶子喜欢在风中翻动，红色的花朵在日光下十分美丽。把荷花移栽到玉池之中，把根扎在这里十分适宜。可是一旦霜露降落下来，那就跟飞蓬一样没有什么差距。

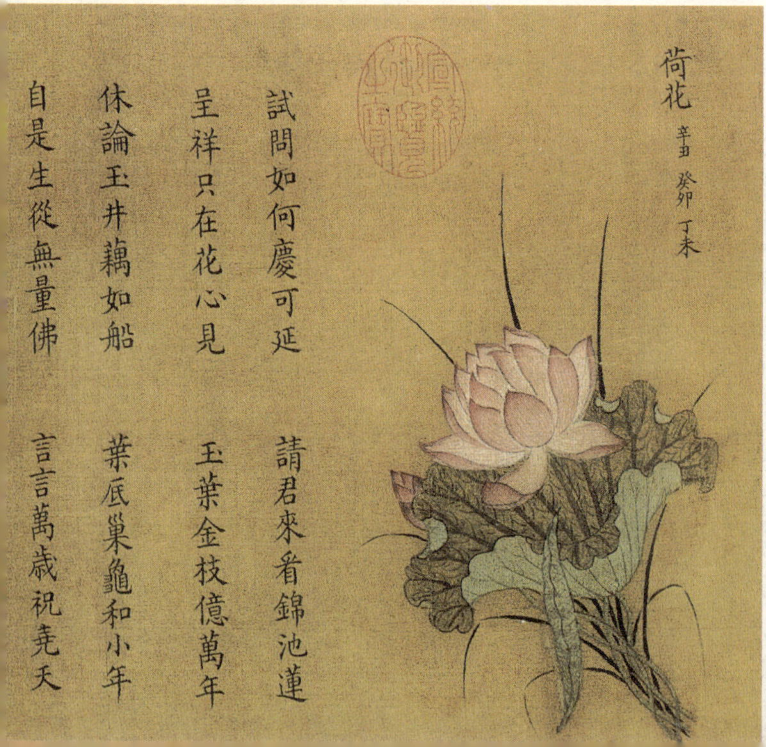

南宋·佚名《百花图·荷花》

此图用设色法绘花卉十余段，有寿春花、长春花、荷花、西施莲、兰花、望仙花、蜀葵、黄蜀葵、阇提花、玉李花、宫槐树、云天、云山日出、桃花祥云、灵芝等。每段均用楷书标花名并注年题诗，书法风格近似宋高宗。整个画卷隽秀鲜丽，山石、树木的画法近似马远风格，用笔细腻。这里选的是荷花一段。

子夜四时歌·夏歌[①]　[南朝·梁]萧衍[②]

江南莲花开，红光覆碧水。
色同心复同[③]，藕异心无异[④]。

【难点疏通】

①子夜四时歌：为南朝乐府民歌，收录在宋代郭茂倩所编《乐府诗集》中，属《清商曲辞·吴声歌曲》。相传是晋代一名叫子夜的女子创制，多写哀怨眷恋之情。　②萧衍(464～549)：即梁武帝，字叔达，小字练儿。南兰陵中都里（今江苏常州）人。南梁政权的建立者，庙号高祖。原来是南齐的官员，南齐中兴二年(502)，齐和帝被迫“禅位”于萧衍，梁朝建立。在位时间四十八年。　③色同：指采莲女的衣裳与荷花的颜色相同。　④藕异：藕与花的颜色不同。

【诗义解说】

正是江南莲花盛开的时候，红色的花影映在绿水之中。采莲女穿的衣裳颜色与荷花一样心也一样，藕与花颜色不同但心却相同。

南宋·佚名《百花图·西施莲》

西施本为古代著名美女，曾是一位采莲女子，后被送入吴宫，使得吴王不理朝政，整天陪西施玩乐，最终导致国破家亡。据说西施死后，变成荷花神。每当到了采莲的季节，人们就会在采莲女中，看到西施的影子。因此，人们把荷花中的一种美丽的品种，取名为西施莲。此图所绘，正是这个品种。图上有一首题诗：“昔年曾听祖师禅，染得灵根洒洒然。瑞相有时青碧色，信知移种自西天。”

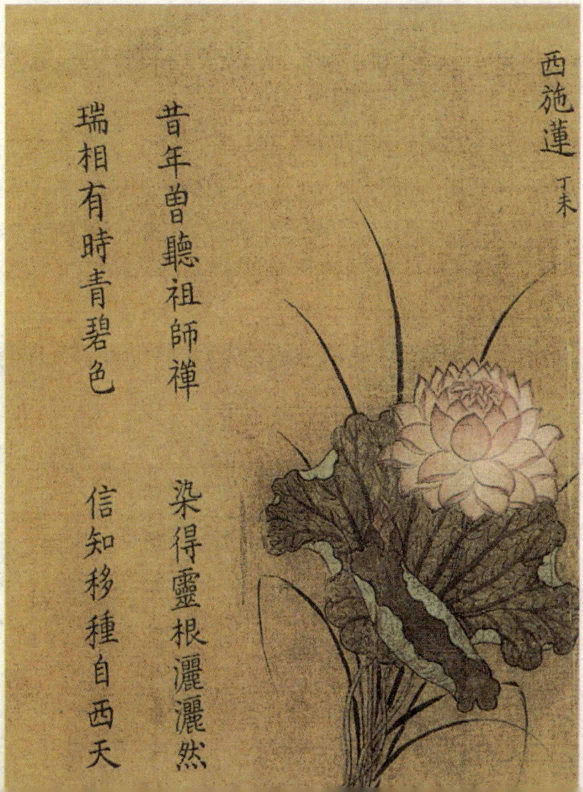

采莲 [南朝·梁]吴均[1]

锦带杂花钿[2]，罗衣垂绿川[3]。
问子今何去[4]，出采江南莲。
辽西三千里[5]，欲寄无因缘。
愿君早旋返，及此荷花鲜。

【难点疏通】

①吴均(469～520)：又作吴筠，字叔庠，吴兴（今浙江湖州）人。南朝齐梁时期文学家、史学家。好学有俊才。开创一代诗风，诗文自成一家，被称为“吴均体”。 ②锦带：用丝织品做的带子。花钿：古时妇女用的一种花饰。起源于南朝宋，有红、绿、黄三种颜色，以红色为最多，以金、银制成花形，蔽于发上。 ③罗衣：轻软丝织品制成的衣服。 ④子：你。 ⑤辽西：辽宁西部。古代泛指戍守之地。

【诗义解说】

腰间扎着织锦的带子头上插着花钿，穿着绸缎衣服垂拖在绿水边。问你今天到什么地方去，去到江南采摘水中的莲。丈夫戍守之地有三千里远，想要寄些莲子但没有条件。希望你能早早地回到家来，趁着现在荷花正开得新鲜。

南宋·佚名《百花图》

此图绘四季花卉五十余种，其中主要有梅花、牡丹、百合、芍药、海棠、萱花、含笑、碧桃、荷花等。花间分别点缀禽鸟、蝴蝶、蜜蜂、蚱蜢、小鱼等，颇具自然生机和情趣。图中花卉和动物，都用强线勾描，浓淡墨多层晕染，花的娇态层次，叶的筋脉转折，刻画得都十分细腻。用笔工细，墨色于单纯中求丰富，统一中求变化，充满了秀雅之美。这里选的是荷花一段。

采莲曲

[南朝·梁]刘孝威[1]

金桨木兰船[2]，戏采江南莲。
莲香隔浦渡[3]，荷叶满江鲜。
房垂易入手[4]，柄曲自临盘。
露花时湿钏[5]，风茎乍拂钿。

【难点疏通】

①刘孝威(?～548)：彭城（今江苏徐州）人。初为安北晋安王法曹，转主簿。累迁中舍人，并掌管记。太清中迁中庶子，兼通事舍人。及侯景乱，孝威于围城得出，随司州刺史柳仲礼西上。至安陆，遇疾卒。 ②金桨：对船桨的美称。木兰船：用木兰树做的船，十分高贵。 ③浦渡：水边渡口。 ④房：莲蓬。 ⑤钏：用珠子或玉石等穿起来做成的镯子。

【诗义解说】

划着金桨坐着木兰船，在欢声笑语中去采水中莲。隔着河水飘来莲的香气，荷叶满江一片新鲜。莲房垂下伸手就可摘到，荷柄弯曲自然靠近船上的杯盘。花上的露水时时沾湿了手镯，风吹荷茎拂动着头上的花钿。

南宋·佚名《沙汀烟树图》

图绘一望无际的沙滩上，近处柳树成荫，溪边小草、新荷清晰可见，一片早春景象。溪对岸沙洲纵横，岸上柳树一片，烟雾绕于树丛间，点出“烟树”的特点。水上一对正在展翅飞翔的小鸟，打破了画面的宁静。画面简洁，采用对角构图方法，单纯朴实，小中见大，用笔工致，略施淡彩，堪称山水小品佳作。

咏同心莲 [南朝·梁]萧统①

江南采莲处，照灼本足观②。
况等连枝树③，俱耀紫茎端。
同逾并根草④，双异独鸣鸾⑤。
以兹代萱草⑥，必使愁人欢。

【难点疏通】

①萧统(501～531)：字德施，小字维摩，南朝梁文学家，南兰陵(今江苏常州)人，梁武帝萧衍长子及太子，谥号“昭明”，故后世又称“昭明太子”。主持编撰《文选》，又称《昭明文选》。 ②照灼：指荷花开得鲜艳。 ③况等：这种情况等同于。 ④逾：超过。 ⑤鸾：传说中凤凰一类的鸟。 ⑥萱草：俗称金针菜、黄花菜，多年生宿根草本，其根肥大。花漏斗状，橘黄色或橘红色，无香气，可作蔬菜，或供观赏。根可入药。古人以为种植此草，可以使人忘忧，因称忘忧草。

【诗义解说】

江南可以采莲的地方，花开艳丽完全可以游观。同心莲就跟连理树一样，都开在紫茎的上端。它们超过了一同生长的野草，又不同于独自鸣叫的孤鸾。用它来代替萱草，一定会使忧愁的人感到心欢。

南宋·佚名《荷塘按乐图》

图用近景鸟瞰的手法描绘宫廷中临水殿堂上饮宴奏乐的情景。殿后高柳环抱，殿前临水月台上有两对乐工，前面是开阔的湖面与点点荷叶。此图不作正面描写，而是通过两对乐工使人联想到湖面上飘荡的笛声和殿中人的豪华宴饮。构图奇特，布局巧妙，意境深远。

采莲曲二首之一 [南朝·梁]萧纲①

晚日照空矶②，采莲承晚晖。
风起湖难渡，莲多采未稀。
棹动芙蓉落③，船移白鹭飞。
荷丝傍绕腕，菱角远牵衣。

【难点疏通】

①萧纲(503～551)：即南朝梁简文帝。文学家，字世缵，南兰陵（今江苏常州）人。梁武帝第三子。由于长兄萧统早死，他在中大通三年(531)被立为太子。太清三年(549)，侯景之乱，梁武帝被囚饿死，萧纲即位，大宝二年(551)为侯景所害。 ②矶：突出江边的岩石或小石山。 ③棹：船桨。

【诗义解说】

西下的太阳照在空旷的江边岩石上，迎着晚霞出去采摘莲蓬。风刮起来难以从湖上划过，莲房太多总也采不干净。摆动船桨荷花纷纷落下，小船移动白鹭飞上空中。旁边的荷丝缠住了手腕，菱角远远地牵住了衣襟。

南宋·佚名《水阁纳凉图》

此图风格别致，描绘的是富贵之家园林的一角，用界画描写了作为主景的水榭屋宇，水榭结构中的歇山顶、斗拱、花牙子造型以及厅内的隔扇案几，无不描述真实，历历在目。宽敞的水榭前风荷簇拥，旁侧柳荫环绕，烘托出所处环境的清爽宜人。水榭中主人凭几而坐，面向荷塘，神态安详。

采莲曲 [南朝·梁]萧绎[1]

碧玉小家女，来嫁汝南王[2]。
莲花乱脸色，荷叶杂衣香。
因持荐君子，愿袭芙蓉裳[3]。

【难点疏通】

①萧绎(508～554)：即梁元帝，字世诚，小字七符，自号金楼子。梁武帝萧衍第七子，梁简文帝萧纲之弟。承圣三年(554)九月西魏宇文泰派于谨、宇文护率军五万南攻江陵，城陷后萧绎被俘遇害。他少聪颖，好读书，善五言诗，但性矫饰，多猜忌。藏书十四万卷，于江陵城破时全部烧毁。平生著述甚富，今仅存《金楼子》。 ②“碧玉”二句：碧玉为中国古代著名美女，姓刘，成语“小家碧玉”由此而来。晋代汝南王司马义的妾。诗人孙绰应司马义之请，作有《碧玉歌》四首。 ③袭：一套衣服为袭。

【诗义解说】

碧玉是普通人家的女儿，嫁给了皇亲汝南王。莲花与脸色难以分清，荷叶的香气杂着衣服的芳香。拿来荷叶推荐给君子，用来做一套芙蓉的衣裳。

南宋·佚名《柳塘泛月图》

图绘荷塘柳岸，塘中游艇一艘，一人高坐游玩，三童分侍前后。图中柳枝摇曳多姿，荷花盛开，一派生机勃勃的景象。人物简略但形象逼真，柳叶用墨染，婆娑婀娜。

采莲曲 [南朝·梁]沈君攸①

平川映晚霞，莲舟泛浪华。
衣香随岸远，荷影向流斜。
度手牵长柄②，转楫避疏花。
还船不畏满，归路讵嫌赊③。

【难点疏通】

①沈君攸(?～573)：南朝梁诗人。吴兴(今浙江嘉兴)人。博学有词采，工诗，官至散骑常侍。有集十三卷，已佚。今存诗十首。 ②度手：伸手。 ③讵：岂，怎。赊：远。

【诗义解说】

晚霞映照在平展的原野上，采莲的小船泛起层层波浪。衣服的香气离岸边越来越远，荷花的影子在流水中摇荡。伸出手去牵住长长的荷柄，转过船头避开荷花少的地方。回来的船上不怕把东西装满，归来时怎么会嫌道路很长。

南宋·佚名《疏荷沙鸟图》

图绘一叶残荷居于图的右下角，一枝莲蓬盘曲横向出枝，一只沙鸟栖于枝上，目视上方正在飞动的一只小虫。由于鸟的体重，压得荷茎略有弯曲。小鸟专注的表情十分逼真。全图用笔精工，风格细腻，荷叶枯黄的斑点和细小的筋脉描绘得一清二楚，色彩秀雅，是宋代花鸟画中的精品。

采莲曲

[南朝·梁]朱超[1]

艳色前后发[2]，缓楫去来迟。
看妆碍荷影，洗手畏菱滋[3]。
摘除莲上叶，拖出藕中丝。
湖里人无限，何日满船时。

【难点疏通】

①朱超：南朝梁诗人，字、里、生卒年均不详。有人怀疑即朱超道，曾任中书舍人，有集一卷，已佚。今存诗十多首。　②艳色：指艳丽的荷花。　③滋：扎。

【诗义解说】

身前身后都是艳丽的花朵，缓缓划船而去归来很慢。看着采莲女的红装妨碍了荷花的影子，想洗下手又怕菱刺尖尖。摘掉莲蓬上的叶子，拖出藕中的条条丝线。有很多人都在湖里面忙碌，什么时候才能把藕装满？

南宋·佚名《鹡鸰荷叶图》

图绘枯荷一枝，从右下向左上斜向出枝，下部还有三枝折断的莲梗相衬。叶面翻卷转折，边梢的枯黄残败、局部的虫蚀都极细致地刻画出来。落在荷梗上的小鸟名叫鹡鸰，是一种生活在水边的小鸟，正回首观看着下面，似乎发现了什么目标。小鸟的神形俱佳，刻画细腻，身上的羽毛先用褐色、灰白色和白色渲染，然后再用极细之笔勾出羽毛的质感。用笔生动秀逸，构图疏密有致，动静结合，颜色妍美。

赋得涉江采芙蓉 [南朝·陈]祖孙登①

浮照满川涨，芙蓉承落光。
人来间花影，衣渡得荷香②。
桂舟轻不定③，菱歌引更长④。
采采嗟离别，无暇缉为裳⑤。

【难点疏通】

①祖孙登：南朝陈诗人。字、里、生卒年均不详，于太建初年前后在世，任记室官，又曾为侍中大将军侯安都宾客。与徐伯阳、刘删等人为文友。在鄱阳王席上饮酒限刻为诗，祖孙登先成，受赏颇丰。 ②衣渡：飘动的衣服。 ③桂舟：用桂木造的船。后用作对船的美称。 ④菱歌：采菱时唱的歌。 ⑤缉：缝制。

【诗义解说】

满川的水上浮动着日影，荷花也承受着落日的余光。人的到来与花的影子一同倒映在水里，飘动的衣服沾上了荷花的清香。桂舟轻盈地在水上漂来漂去，远远传来的采菱歌声十分绵长。不停地采荷感叹着离别很久，也没有时间缝制过冬的衣裳。

南宋·佚名《荷塘浴凫图》

图中宽阔的水面上游动着三只野鸭，前面两只并排而游，后面一只正奋力追赶，寥寥几笔就描绘出了生动而富有生活情趣的画面。荷塘的左下角，画数枝绿叶相衬的红荷花，左上角略偏中心的水上，少许荷叶作绿苔几点，使画面呈现出空阔幽远的气氛。整个画面生机盎然，虚实、动静、疏密配合得十分和谐。

咏同心芙蓉

[隋]杜公瞻①

灼灼荷花瑞②，亭亭出水中。
一茎孤引绿，双影共分红。
色夺歌人脸，香乱舞衣风。
名莲自可念③，况复两心同。

【难点疏通】

①杜公瞻：生卒不详，隋文学家，隋卫尉杜台卿侄子，曾奉敕编纂《编珠》，代表作品《咏同心芙蓉》。 ②灼灼：鲜明光艳。 ③莲：与“怜”谐音。

【诗义解说】

鲜艳的荷花开得十分美丽，高高地挺立在水中。一枝颀长的茎托起一片绿色，两朵花的影子倒映出两点红。花色超过了歌女的脸面，香气扰乱了舞衣飘起的风。名字叫莲自然可以引起人们的思念，何况两颗心都是心心相印。

南宋·佚名《荷塘鸂鶒图》

图绘一湾溪水，两岸种植着生长茂盛的杨柳，间杂红色的茶花。溪流中荷叶田田，两只鸂鶒，一只正在低头觅食，一只正注视着觅食的那一只。一行白鹭破空飞向远方，把观者的视线引向画外。图中柳叶用攒笔点画，枝干用双勾，鸟身刻画精巧。

秋池一株莲 [隋]弘执恭[1]

秋至皆空落[2]，凌波独吐红[3]。
托根方得所[4]，未肯即从风[5]。

【难点疏通】

①弘执恭：隋朝人，生平事迹皆不详。　②空落：空空荡荡。　③凌波：在水面上。　④托根：扎根。　⑤即：就。

【诗义解说】

秋天到来万物开始凋落，水面只留下了一点红。是因为扎根在一个理想的地方，因此没有随着秋风凋零。

南宋·佚名《荷塘鹡鸰图》

图绘一只鹡鸰双足紧握干枯的荷梗，低头注视水中一只正在奔窜的大虾，鹡鸰因双翅前倾而微微翘起，观察极为精细而用笔十分到位。水面上铺展着一片枯黄的荷叶，两根残梗从破裂的荷叶缝中长出。浮萍水藻隐约可见，均用淡墨勾染。鸟身上黑白分明的羽毛在简洁素淡的配景中显得十分醒目，突出了秋景萧瑟之中的勃勃生机。

采莲曲

[隋]殷英童[2]

荡舟无数伴[2]，解缆自相催。
汗粉无庸拭[3]，风裙随意开。
棹移浮荇乱[4]，船进倚荷来。
藕丝牵作缕，莲叶捧成杯。

【难点疏通】

①殷英童：隋朝人。余皆不详。 ②荡舟：划船。 ③无庸：不用。拭：擦。 ④荇：即荇菜。一种多年生水生草本，具心形叶和香蕉似簇生块茎。茎细长，节上生根，沉没水中。叶对生，漂浮水面。夏秋开黄花。嫩茎可食，全草入药。

【诗义解说】

有无数伙伴一起去划船，解开缆绳相互催促向前划行。汗流在脸上也没有工夫去擦，衣裙随着风不停摆动。船桨划动浮在水面的荇菜一片零乱，小船靠着荷花来到荷丛之中。把藕丝结成长长的丝缕，把荷叶围成一个酒杯之形。

南宋·佚名《出水芙蓉图》

此图绘水中荷花一朵，用淡红色晕染，花下衬以绿叶，叶下荷梗三枝。作者用俯视特写手法，描绘出荷花的雍容外貌与出淤泥而不染的特质。全图笔法精工，设色艳丽，不见墨笔勾痕。图中红花绿叶占据整个画面，这种丰满的构图如肖像般使我们能直观地欣赏这娇嫩柔美的荷花。细腻的笔调把荷花的清纯高洁、出淤泥而不染的品格表现得入木三分，是我国古代花鸟画中少有的精品。

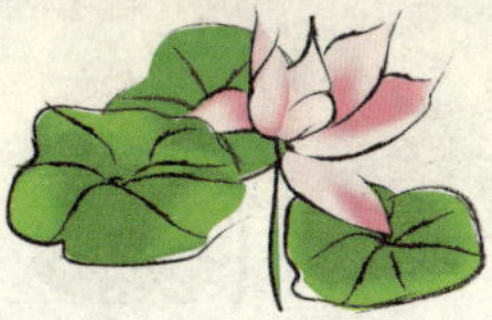

赋得涉江采芙蓉

[隋]孔德绍①

莲舟泛锦碛②，极目眺江干③。
沿流渡楫易，逆浪取花难。
有雾疑川广，无风见水宽。
朝来采摘倦，讵得久盘桓④。

【难点疏通】

①孔德绍：会稽（今浙江绍兴）人，孔子三十四代孙。有清才。事窦建德，初为景城丞，后为内史侍郎，典书檄。窦建德失败后，被唐太宗李世民所杀。存诗十二首。　②锦碛：风景秀丽的水中陆地。碛，水中沙堆。　③极目：放眼远望。江干：江边。　④盘桓：徘徊，逗留。

【诗义解说】

采莲的船航行在风景秀丽的沙洲，放眼远望大江的岸边。顺着水流划起船来十分容易，逆浪而行想采荷花就很难。云雾迷蒙怀疑河流很广，没风的时候看见水面很宽。从早晨就开始采摘莲花已经有些疲倦，怎么可以长时间在这里流连不返。

南宋·佚名《荷花图》

此图看上去就会让人感受到有一股强烈的风从右侧刮来，水草、荷叶、荷花都向左倾斜，虽然风很大，但有一种不屈的精神在与狂风抗争。在由粉逐渐变红的花瓣的边缘，有丝丝金线细密勾勒，使本就艳丽无比的花朵更加流光溢彩、熠熠生辉。再加上野草荷叶的衬托，把荷花装点得更加鲜艳夺目。

曲池荷 [唐]卢照邻[1]

浮香绕曲岸，圆影覆华池[2]。
常恐秋风早，飘零君不知[3]。

【难点疏通】

①卢照邻(约635～689)：字升之，号幽忧子，幽州范阳（今河北涿县）人。“初唐四杰”之一。诗多愁苦之音。曾任新都尉，后因风痹病所困，投颍水自尽。有《幽忧子集》。　②华池：华美的池塘。对池塘的美称。　③君：指前来赏荷的人。

【诗义解说】

清香浮动在曲池的岸边，圆圆的叶影覆盖着华美的池塘。常常担心秋风早早地吹来，花叶飘零你们并不知道这种情况。

南宋·佚名《晓荷郭索图》

郭索，蟹的别称。图绘一只大河蟹张牙舞爪，栖于残荷之上。由于河蟹太重，已经把荷梗压得半断。画面对苍老的莲蓬、枯黄的荷叶、稀疏的芦荻的描绘，更增添了萧瑟冷寂的气氛。荷叶与莲蓬均用精笔勾描，笔法粗犷写实，设色鲜艳。

莲花

[唐]郭震①

脸腻香薰似有情②，世间何物比轻盈。
湘妃雨后来池看③，碧玉盘中弄水晶④。

【难点疏通】

①郭震(656～713)：唐朝将领，宰相、诗人。字元振，魏州贵乡（今河北大名）人。以字显，贵居大臣、宰相高位，住处仍极俭约。手不离卷，很少有人见其面有愠色。②脸腻：指盛开的莲花细腻有光泽。 ③湘妃：名曰娥皇、女英，本帝尧之二女，都嫁给舜。舜南巡死于九疑山。二妃寻舜死于湘江边，后成为湘水女神。 ④碧玉盘：指田田的荷叶。水晶：指晶莹的水珠。

【诗义解说】

脸色细腻光泽香气四溢好像怀有感情，世间什么东西能比得上它轻盈。一阵雨后湘妃来池前观看，碧绿的荷叶上滚动着粒粒水晶。

南宋·佚名《荷蟹图》

图中一只河蟹，硕大而沉重，趴在一片快要枯萎的荷叶上，好像在寻找食物。荷叶被压得贴在水面上，荡起细细的波纹。荷叶与螃蟹细小的筋络、毛刺、斑纹都刻画得十分精细。左侧的蓼叶正反两面用深浅两种颜色渲染，水藻轻轻洒在水面上，设色逼真写实，十分生动。

采莲

[唐]贺知章[1]

稽山罢雾郁嵯峨[2]，镜水无风也自波[3]。
莫言春度芳菲尽，别有中流采芰荷[4]。

【难点疏通】

①贺知章(659～744)：字季真，号四明狂客，唐越州会稽永兴(今浙江杭州市萧山区)人，诗以绝句见长，风格独特，清新潇洒。证圣元年(695)进士，初授国子四门博士，后迁太常博士。开元十年(722)，由丽正殿修书使张说推荐入该殿书院，参与撰修《六典》《文纂》等书，未成，转官太常少卿。后为礼部侍郎、集贤院学士、太子右庶子、侍读、工部侍郎等。因曾任银青光禄大夫兼正授秘书监，因而人称“贺监”。 ②稽山：即会稽山，在浙江省中部。嵯峨：形容山势高峻。 ③镜水：即镜湖，在浙江省绍兴市。 ④芰：菱。

【诗义解说】

稽山雾散以后露出了高峻的山峰，镜湖没有风也会有粼粼水波。不要说春天过后所有的花都已开尽，在水的中流还有人采摘菱与荷。

南宋·佚名《荷塘飞燕图》

根据画中水草荷叶的动向，人们似乎能够感受到有一股微风从左向右习习吹来。荷花刚刚绽开蓓蕾，浮萍在水中游移不定，一群燕子在空中上下翻飞，翠鸟在凌空翱翔。画面的左侧有一片云朵样的莲叶托起一株含苞的荷花。作者用颜色拉开了远近的距离，使整幅画面浑然一体。

莲花坞 [唐]王维①

日日采莲去，
洲长多暮归②。
弄篙莫溅水③，
畏湿红莲衣④。

【难点疏通】

①王维(701～761)：字摩诘，祖籍山西祁县，唐朝诗人，精通佛学，外号“诗佛”。今存诗四百余首。诗书画都很有名，精通音乐，多才多艺。山水田园诗与孟浩然齐名，人称“王孟”。 ②洲长：洲远。 ③弄篙：撑船。篙，用竹竿等制成的撑船用具。 ④衣：指花瓣。

【诗义解说】

天天都去采莲花，路途遥远归来时太阳大都已落山。撑船的时候不要溅起水花，怕的是弄湿了红色的花瓣。

南宋·佚名《太液荷风图》

图绘太液池中丰茂的荷花碧叶连天，盛开的荷花掩映于荷叶之中，有红有白，或盛开或半开，层次井然。有鸭子在荷叶中觅食，有燕子在天空中飞翔，有蝴蝶翩翩飞来，一派勃勃生机。作品用色彩的深浅不同来表现荷叶的向背俯仰，用细笔勾出荷叶的筋脉，十分真切。

采莲曲三首之二 [唐]王昌龄[1]

荷叶罗裙一色裁[2]，　芙蓉向脸两边开。
乱入池中看不见，　闻歌始觉有人来。

【难点疏通】

①王昌龄(698～756)：字少伯，京兆长安人。盛唐著名边塞诗人，后人誉为“七绝圣手”。边塞诗气势雄浑，格调高昂，充满了积极向上的精神。曾任龙标尉，因世称“王龙标”。因曾任江宁丞，故有“诗家天子王江宁”之称。存诗一百七十余首，作品有《王昌龄集》。　②一色裁：一个颜色。

【诗义解说】

荷叶与衣裙是一个颜色，荷花朝着脸向两边分开。纷纷进入池中看不见人影，听见歌声才知道有人到来。

元·佚名《柳院消暑图》

一座整洁别致的小院在翠柳的掩映之下显得格外清幽，室内一士人端坐，目光望着远处。随着他的目光，我们看到了宽阔的水域上荷叶点点，远山起伏。院外一童子捧盒走来，士人身后还有一侍者持扇而立。柳树婀娜，界画工整，人物悠闲，富有节奏感。

采莲曲三首之三 [唐]王昌龄

雨过芙池暑气凉，红莲花共白莲香。
四围碧叶三分水，几个沙鸥伴夕阳①。

【难点疏通】

①沙鸥：栖息于沙滩、沙洲上的鸥鸟。

【诗义解说】

一阵细雨飘过荷花池天气变得清凉，池里的红莲花与白莲花一起飘香。四周都是碧绿的叶子只露出三分水面，有几个沙滩上的鸥鸟伴着西下的太阳。

元·张冲《枯荷鸳鸯图》

张冲，生卒年不详，约活动于元至正年间。松江（今属上海）人。山水师元人黄公望，尤擅绘花鸟，笔墨疏简，风格俊逸，属于文人画写意体系。此图以浅淡笔墨绘一株残荷，一枝莲蓬，几根水草。坡石上有鸳鸯双栖，一卧一立，情态各异。构图简洁疏朗，水墨点染与没骨法并用，用笔粗简，略带写意。

渌水曲[1]

[唐]李白[2]

渌水明秋日，
南湖采白苹[3]。
荷花娇欲语，
愁杀荡舟人[4]。

【难点疏通】

①渌水曲：古乐府琴曲名。渌水，清澈的水。　②李白(701～762)：字太白，祖籍陇西成纪（今甘肃天水）。少年时居住在四川，读书学道。二十五岁出川远游，先后居住安陆、鲁郡。在此期间曾西入长安，求取功名，却失意东归；后来奉诏入京，供奉翰林。不久受谗言出京，漫游各地。安史之乱起，加入永王李璘幕僚；后来永王为唐肃宗所杀，因受牵连而流放夜郎。遇赦东归，投奔族叔当涂（今属安徽）县令李阳冰，不久病逝。他因写诗而闻名，为当时的人们所激赏，以富于浪漫主义色彩的诗歌反映现实，被称为“诗仙”。　③白苹：一种水草。　④荡舟：划船。

【诗义解说】

秋天的日光照在清澈的水上，划着船到南湖去采白苹。娇羞的荷花好像有话要说，引起了划船人的无限愁思。

明·王绂《北京八景图·太液晴波》

王绂(1361～1436)，字文鼎。华亭（今上海松江）人。工书法，尤擅章草，诗文流丽，山水亦佳。此组图所绘八景，各自独立为单幅，依次为金台夕照、太液晴波、琼岛春云、玉泉垂虹、居庸叠翠、蓟门烟树、卢沟晓月、西山霁雪。这里选的是太液晴波一开。图绘皇城之西太液池景色。池水宽阔，菱荷遍布，中有亭榭，长桥卧波。池畔琼岛及土台上松桧苍然。笔法清丽，景色优美。

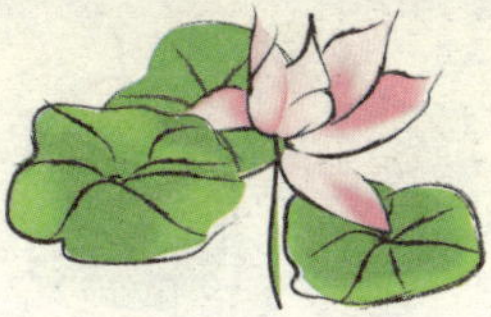

折荷有赠　[唐]李白

涉江玩秋水，爱此红蕖鲜[1]。
攀荷弄其珠，荡漾不成圆。
佳人彩云里[2]，欲赠隔远天[3]。
相思无因见，怅望凉风前。

【难点疏通】

①红蕖：红色荷花。　②佳人：指思念的人。彩云里：远在天边。　③隔远天：相距遥远。

【诗义解说】

涉过江去在秋天的水上游玩，喜欢的是红荷花开得鲜艳。攀过荷叶玩弄上面的水珠，荡来荡去形不成珠圆。想念的人远在天边，想要赠给他路途遥远。深深地思念却没有办法见到，心情郁闷地站在凉风之前。

明·边景昭《荷塘鹡鸰图》

边景昭，生卒年不详。字文进，明代宫廷花鸟画家。福建延平府沙县（今福建沙县）人，祖籍陇西（今属甘肃）。永乐年间任武英殿待诏，至宣德时仍供奉内廷。后为翰林待诏，常陪宣宗朱瞻基作画。为人旷达洒落，博学能诗。作品工整清丽，笔法细谨，赋色浓艳，高雅富贵。墨线气力十足，变化丰富，精谨细微，柔韧相宜。此图绘荷塘一角，两鹡鸰分别落在荷茎与芦苇上，一低头觅食，一回首张望，神态生动。芦花、苇叶、枯荷用较为写意的笔法勾勒点染，双鸟整洁，细腻工致。

采莲曲

[唐]戎昱①

涔阳女儿花满头②，毵毵同泛木兰舟③。
秋风日暮南湖里，争唱菱歌不肯休。

【难点疏通】

①戎昱(744～800)：荆州（今属湖北）人。少年举进士落第，游名都山川。后中进士。大历二年(767)秋在荆南节度使卫伯玉幕府中任从事。后流寓湖南。建中三年(782)居长安，任侍御史。翌年贬为辰州刺史。后又任虔州刺史。晚年在湖南零陵任职，流寓桂州而终。是中唐前期比较注重反映现实的诗人之一。存诗一百二十五首，明人辑有《戎昱诗集》。 ②涔阳：地名，在今湖南澧县东北。 ③毵毵(sān sān)：形容毛发、枝条细长披垂。

【诗义解说】

涔阳的女孩插了满头的花，插的花朵纷纷下垂都在划着木兰舟。在南湖里秋风吹来天色已晚，争相歌唱菱歌都不肯罢休。

明·孙隆《花鸟草虫图册·荷塘鹡鸰》

孙隆，又名孙笼，字廷振，号都痴、都痴道人，毗陵(今江苏常州)人，生卒年不详。宣德年间入值内廷，曾为“金门侍御”。生性颖敏，有仙人风度。工画花鸟，所绘禽鱼草虫不先勾勒定形而直接以色彩点染物象，此一画技自成一家，丰富了花鸟画传统技法，对后世泼彩写意影响深远。亦擅山水。此图册共十二开，这里选的是荷塘鹡鸰一开。画面简单，一片枯败的荷叶、一枝莲蓬、一只小鸟而已。用色彩随笔点染，用笔简洁而形神俱佳。

咏双开莲花　[唐]刘商[1]

菡萏新花晓并开[2]，浓妆美笑面相隈。
西方采画迦陵鸟[3]，早晚双飞池上来。

【难点疏通】

①刘商：唐代诗人、画家，字子夏，彭城（今江苏航道徐州）人。大历年间进士，官至礼部郎中。能文善画，好道术，诗以乐府见长。酷尚山水，著文之外，爱画松石树木，性高迈。　②菡萏：荷花的别名。　③采：通“彩”。迦陵鸟：佛经讲是佛国世界里的一种神鸟。《正法华经》中说：“山谷旷野，其中多有迦陵频伽，出妙音声，如是美音，若天若人，紧那罗等无能及者，唯除如来言声。”

【诗义解说】

有两朵荷花早晨同时盛开，颜色浓艳美美地张开笑脸相互依偎在一起。西方用彩色画的迦陵鸟，早晚会飞到这里的水池。

明·孙隆《花鸟草虫图卷》

这是一幅长卷，用没骨法画紫茄、莱菔、鹡鸰秋荷、青蛙睡莲等。中间杂以各种花草及螽斯、豆娘、飞蝶等小昆虫。构思巧妙，精心安排，使自然界中充满生机的景色跃然纸上。艺术概括性强，表现技巧精湛，形象准确，神态生动，写意中不失工细，工细中寓有写意。这里所选为“鹡鸰秋荷”一段。

戏赠陆大夫十二丈三首之二 [唐]孟郊[1]

渌萍与荷花，同此一水中。
风吹荷叶在，渌萍西复东。

【难点疏通】

①孟郊(751～814)：字东野，唐代诗人，湖州武康（今浙江德清）人。以五言古诗最多，没有一首律诗，因而有“诗囚”之称。与贾岛齐名，人称“郊寒岛瘦”。现存诗歌五百多首。

【诗义解说】

水生的浮萍与荷花，共同生长在同一个水池中。狂风不断吹拂但荷叶还在，浮萍则飘向西又飘向东。

明·沈周《东庄图册》（之四）

沈周(1427～1509)，明代杰出书画家。字启南，号石田、白石翁、玉田生等。长洲（今江苏苏州）人。不应科举，专事诗文书画，是明代中期文人画吴派的开创者，与文徵明、唐寅、仇英并称“明四家”。著有《石田集》《客座新闻》等。东庄，在苏州城葑门内，为吴宽父子数十年经营而成的庄园。作者选取其中几个主要景观进行描绘，是沈周一部具有代表性的作品。这里所选择一开为荷塘，塘中荷叶田田，荷花盛开，水波动荡。水白而叶浓，对比鲜明。

盆池五首之二　[唐]韩愈①

莫道盆池作不成，藕稍初种已齐生②。
从今有雨君须记，来听萧萧打叶声③。

【难点疏通】

①韩愈(768～824)：字退之，唐河内河阳（今河南孟县）人。自谓郡望昌黎，世称“韩昌黎”。唐代古文运动的倡导者，宋代苏轼称他“文起八代之衰”，明人推他为唐宋八大家之首，与柳宗元并称“韩柳”，有“文章巨公”和“百代文宗”之名。　②稍：刚。　③萧萧：风声。此指雨落荷叶上的声音。

【诗义解说】

不要说盆池养不了荷花，藕刚种下就生出的小芽十分鲜嫩。从今天开始您一定要记住下雨的时候，到这里来听雨打荷叶发出的声音。

明·沈周《东庄图册》（之十四）

这是《东庄图册》的另一幅，绘的也是荷塘。有一条溪流不断地流入池塘，池塘水域宽阔，池内生长着几株荷花，几朵红花点缀在绿叶之中，颜色对比鲜明。岸边还生长着茂密的蜀葵，鲜花正在盛开。水纹用笔简洁，但水的动态十分鲜明。荷叶与蜀葵叶均用浓墨以衬红花。

池上 [唐]白居易[1]

小娃撑小艇，偷采白莲回。
不解藏踪迹[2]，浮萍一道开。

【难点疏通】

①白居易(772～846)：字乐天，号香山居士。原籍山西太原，祖上迁陕西渭南。历任翰林学士、江州司马、刑部侍郎、太子少傅等职。会昌二年(842)以刑部尚书致仕。新乐府运动的倡导者，感伤诗《长恨歌》《琵琶行》影响深远。常与刘禹锡唱和，时称“刘白”。又与元稹齐名，世称“元白”。　②不解：不知道。

【诗义解说】

小娃娃划着一条小船，偷偷去采白莲回来。不知道藏起自己的行迹，浮萍留下一条水路向两边散开。

明·沈周《写生图册·荷叶青蛙》

此册共十六开，分别绘玉兰、蝴蝶花、萱草、鸡冠花、荷、蛙、葡萄等动植物，这里所选为荷叶青蛙一开。图绘一片开始枯萎的荷叶上趴着一只青蛙，叶后面露出的一枝白色荷花，正欲盛开，周围还点缀着几根野草。荷叶的边缘已经破损，上面那只青蛙正做着跳跃的动作，形象十分生动。

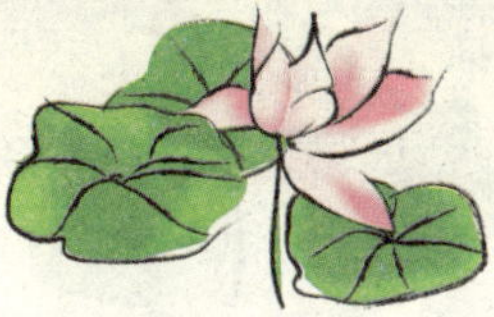

衰荷

[唐]白居易

白露凋花花不残，凉风吹叶叶初干。
无人解爱萧条境[1]，更绕衰丛一匝看[2]。

【难点疏通】

①解爱：懂得爱惜。　②一匝：一圈。

【诗义解说】

白露落在荷花上荷花没有凋落，凉风吹在叶子上叶子刚刚风干。没有人懂得爱惜这萧条的情境，只有我绕着衰败的荷花又转了一圈。

明·郭诩《江夏四景图》

郭诩(1456～1532)，字仁弘，号清狂，江西泰和人。弘治年间应诏入京，授锦衣官，但固辞谢却。工书画，山水人物风格豪放，笔法脱略，清细柔和，墨气淋漓，绘古人清士尤工。与吴伟齐名。花鸟杂画信手拈来，颇有奇趣。草虫书法工写兼备，其画风在明中期别成一格。其画在当时很受欢迎，时人动辄万金购买。此图卷由四部分组成，分别为小岗后湖、竟陵城门、东湖别墅、梦野书院、平湖渔舟等。这里所选为平湖渔舟一段。景物生动逼真，层次分明，笔法灵活，设色淡雅。

因莲花有颂

[唐]从谂[1]

奇异根苗带雪鲜，不知何代别西天[2]。
淤泥深浅人不识，出水方知是白莲。

【难点疏通】

①从谂(778～897)：唐代禅僧。幼年于曹州沪通院出家，五十岁方始云游四方。后至池阳参谒南泉普院，道法自然，超尘越俗，呈现明心见性、断执无碍的朗朗宗风。先后历参黄檗、宝寿、盐官等诸大德，八十岁止于赵州城东观音院，四十年间大阐禅理，其示众、问答之公案，如“狗子佛性”“至道无难”等语，皆脍炙人口。朝廷敕谥为“真际大师”，后人称为“赵州古佛”。　②西天：指西方极乐世界。佛教讲，人若常念阿弥陀佛，极乐世界里就会给你生出一朵白莲花，死后往生极乐世界，从莲花中化生。

【诗义解说】

奇异的根苗像雪一样新鲜，不知什么时候离开了西天。没有人知道淤泥是深还是浅，长出水面之后才知道是白莲。

明·吕纪《残荷鹰鹭图》

吕纪(1477～?)，字廷振，号乐愚。鄞（今浙江宁波）人。以画被召入宫，值仁智殿，授锦衣卫指挥使。擅花鸟、人物、山水，以花鸟著称于世。图绘一只苍鹰俯身冲下，一只白鹭惊叫逃窜，正在游戏的野鸭紧缩头颈，惊恐地望着这突如其来的事件，一只受惊的水鸟拢起翅膀往草丛里钻。此外，画面又通过对被风吹横的苇叶、残荷的描写，生动地渲染了环境的险恶。

新楼诗二十首·重台莲 [唐]李绅[1]

绿荷舒卷凉风晓，红萼开萦紫菂重[2]。
游女汉皋争笑脸[3]，二妃湘浦并愁容[4]。
自含秋露贞姿洁，不晓春妖冶态秾[5]。
终恐玉京仙子识[6]，却持归种碧池峰[7]。

【难点疏通】

①李绅(772～846)：唐朝亳州谯县（今亳州）人，字公垂。二十七岁考中进士，补国子助教。与元稹、白居易交游甚密，是在文学史上产生过巨大影响的新乐府运动的参与者。　②菂：莲子。　③游女汉皋：传说古代郑交甫在汉水岸边台下遇二女，求女之佩，受而怀之，高高兴兴地离去。走不远，佩玉没有了，二女也不见了。　④二妃湘浦：二妃指尧二女，舜妃。舜南巡而死，二妃寻舜，死于湘江边。　⑤春妖：指花开艳冶的春花。⑥玉京：道教指仙人的住处。　⑦碧池峰：据《太平御览》地部引《华山记》：“山顶有池，生千叶莲花，服之羽化，因曰华山。”峰，一作“中”。

【诗义解说】

清晨晓风吹来荷叶在风中翻卷，到处是盛开的红色荷花紫色的莲蓬很重。汉江边的游女争着露出笑脸，二妃在湘水边上满面愁容。花中含着秋露姿态十分高洁，不知道春天妖冶的鲜花开得多么鲜浓。还是怕住在玉京里的仙子看见，带着种子种植在碧池峰。

明·吕纪《月明宿雁图》

茂密的芦苇布满了整个画面，湖水平静，一轮明月高悬于天空，几只芦雁眠于湖边沙滩之上，万籁俱寂，只有芦花在月光下轻轻地摇曳，表现了月夜下的幽静之美。它不但是一幅优美的花鸟画，也是一幅秀丽的风景画。作者用色和墨直接绘出芦苇和大雁，芦苇、荷花不事勾勒，简括而工稳。

莲塘

[唐]姚合①

方塘菡萏高，繁艳相照耀。
幽人夜眠起②，忽疑野中烧③。
晓寻不知休，白石岸亦峭。

【难点疏通】

①姚合：陕州硖石（今河南陕县）人。生卒年不详，约唐文宗太和年间前后在世。以诗名。登元和十一年(816)进士第。初授武功主簿，人因称“姚武功”。又调富平、万年尉。宝历中历监察御史、户部员外郎。出任荆、杭二州刺史。后为给事中，陕、虢观察使。诗与贾岛齐名，世称“姚贾”。 ②幽人：隐居之人。 ③野中烧：因花开得鲜艳如同着火一样。

【诗义解说】

池塘里面的荷花长得很高，繁密浓艳的花朵相互映照。隐居的人夜晚起来，忽然怀疑是荒野中火在燃烧。天亮以后仍然看个不停，岸边的白石也十分的峻峭。

明•佚名《荷塘聚禽图》

作品以纯熟的艺术技巧，用勾勒填彩的表现手法，描绘了一幅富有诗情画意的大自然景象。一处清幽的荷塘，坡滩古柳倒垂，两只天鹅浮于水面，悠然自得。荷花盛开，格外清丽，其间特出一茎，花开三朵，别开生面。图中共绘有八种水鸟共十四只，多而不繁，布局紧凑，各具情态。形神兼备，景象万千。

采莲曲

[唐]陈去疾①

粉光花色叶中开，　荷气衣香水上来。
棹响清潭见斜领②，　双鸳何事亦相猜③。

【难点疏通】

①陈去疾：字文医，福建侯官人。生卒年不详，约唐文宗太和末年前后在世。元和十四年(819)举进士及第。历官邕管副使。所作诗今存十三首。　②斜领：指映在水中采莲女的衣领。　③“双鸳”句：因采莲女的漂亮而引起鸳鸯的猜疑。

【诗义解说】

粉红的花色在荷叶中盛开，荷的气息衣的芳香都从水上飘来。船桨响处在清澈的潭水里见到采莲女的衣领，鸳鸯疑惑这是谁比我还帅？

明·陈道复《花果图卷》

陈道复(1483～1544)，初名淳，字道复，后以字行，号白阳山人，长洲（今江苏苏州）人。擅画花卉，笔致放逸，自成面目。后世将他与徐渭并称“青藤白阳”。山水亦佳，工书法，善诗文。此幅长卷绘兰、荷、蓼、葡萄、鸡冠花、水仙、梅、竹等多种花卉，多用硬笔绘成，用笔爽利，笔随心到，亦用白描。这里所选为荷花一段。

采莲词 [唐]顾非熊①

纤手折芙蕖，花洒罗衫湿。
女伴唤回船，前溪风浪急。

【难点疏通】

①顾非熊：姑苏（今江苏苏州）人，生卒年不详，约唐文宗开成初年前后在世。诗人顾况之子。少俊悟，一览成诵。性滑稽。困于举场三十年。武宗久闻其诗名，会昌五年(845)放榜，仍无其名，怪之，乃敕有司进所试文章，追榜放令及第。大中年间为盱眙尉，不乐奉迎，更厌鞭挞，乃弃官隐茅山。后不知所终。

【诗义解说】

纤纤玉手采摘着荷花，花上的露水打湿了衣衫。女伴们呼喊着回去，可因前溪风大无法回转。

明·陈道复《花卉图册·荷》

此图册共八开，分别绘水仙、松树、栀子、荷花、梅花、芍药、石榴、秋葵等，这里所选为荷花一开。图绘一枝荷叶，一朵荷花，几根野草。用浓淡不同的墨色表现荷叶的偃仰向背，粗略地勾出花瓣，用笔细绘花蕊。几根野草飘逸潇洒。

采莲　[唐]朱庆馀①

隔烟花草远蒙蒙，
恨个来时路不同②。
正是停桡相遇处③，
鸳鸯飞去急流中。

【难点疏通】

①朱庆馀：生卒年不详，名可久。越州（今浙江绍兴）人，宝历二年(826)进士，官至秘书省校书郎，《全唐诗》存其诗两卷。　②恨个：可恨的是。③桡(ráo)：桨，楫。

【诗义解说】

隔着一层烟雾远远看去花草一片迷蒙，可恨的是来的时候走的不是一条路。正在停下船桨碰到一起的时候，惊起的鸳鸯向着急流飞去。

明·陈道复《溽暑花卉图》

图上花繁叶茂，姹紫嫣红，怪石嶙峋，空灵苍秀。其后池塘莲荷，清碧如玉，如清风拂来，幽香四溢。此画当做于闷热难解的酷暑，却画出一片清凉，令人观之而暑意顿消。以没骨设色绘花卉，兼用勾花点叶、点花勾叶笔法，没骨、有骨、色、线浑然一体，自成一格，群芳虽艳，却艳而不俗。

操莲曲

[唐]何希尧[1]

锦莲浮处水粼粼[2]，风外香生袜底尘[3]。
荷叶荷裙相映色，闻歌不见采莲人。

【难点疏通】

①何希尧：生卒年不详，唐宪宗时人。字唐臣，号常欢喜居士，睦州分水（今浙江桐庐）人。诗人施肩吾之婿，隐居未仕。　②锦莲：莲花开得像锦绣一样。　③香生袜底尘：连泥土都充满了香气。

【诗义解说】

锦绣莲花浮在清粼粼的水上，风吹来香气从袜子底下的尘土产生。荷的叶子与荷花裙相互映衬，只能听见歌声却看不见采莲的人。

明·陈道复《秋江清光图》

图绘一枝芦苇上落着一只小鸟，两枝木芙蓉从右侧伸入画面，一枝枯荷叶大如扇，一只野鸭浮在水面。作品用枯荷、芙蓉、芦苇等具有明显季节特征的折枝花草为主要题材，写出一派秋天景象。荷叶用藤黄带墨点拓，表现枯的质感；鸭子用破笔皴擦，毛羽蓬松。整幅作品笔法秀劲，色调清淡，深得秋天的神韵。

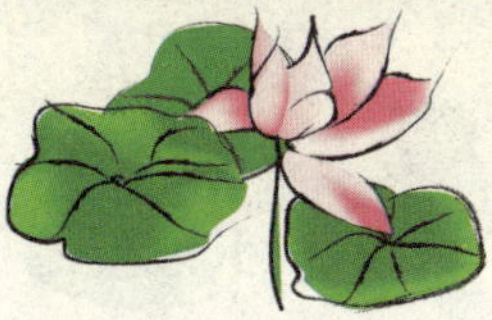

秋晚云阳驿西亭莲池 [唐]许浑[1]

心忆莲池秉烛游[2]，叶残花败尚维舟。
烟开翠扇清风晓，水泛红衣白露秋。
神女暂来云易散[3]，仙娥初去月难留[4]。
空怀远道无持赠[5]，醉倚栏干尽日愁。

【难点疏通】

①许浑(约791～858)：字用晦，祖籍安州安陆（今属湖北），寓居润州丹阳(今江苏镇江)。文宗大和六年(832)进士及第，先后任当涂、太平令，因病免。大中年间入为监察御史，因病乞归，后复出仕，任润州司马。历虞部员外郎，转睦、郢二州刺史。晚年归丹阳丁卯桥村舍闲居。诗多写水，故有“许浑千首湿”之说。 ②秉烛游：出自《古诗十九首》之十，“昼短夜苦长，何不秉烛游？” ③神女：即阳台女。宋玉《高唐赋》描写了楚王与巫山神女的欢会，神女说她“旦为朝云，暮为行雨。朝朝暮暮，阳台之下”。此处用典写云。 ④仙娥：指嫦娥。 ⑤无持赠：陶弘景《诏问山中何所有赋诗以答》：“山中何所有，岭上多白云。只可自怡悦，不堪持寄君。”

【诗义解说】

心里想着莲花点上蜡烛出游，叶子残破花已败落还是停下了小舟。早晨的清风吹开烟雾露出扇一样的荷叶，水面上漂着红色花瓣白露降下已是到了深秋。神女暂时到来云容易散去，仙娥刚走月亮难以挽留。白白地怀念远方的朋友无法赠送，醉酒之后倚在栏杆上整天发愁。

明•谢时臣《杜甫诗意图》

谢时臣，生卒年不详，字思忠，号樗仙。吴郡（今江苏苏州）人。工书法，长于隶书。擅山水，作品多构为长卷巨幛，江河湖海，无不精好。又作山峦重叠，高耸险峻，笔墨或细密苍劲，或劲健沉郁，或纵横纷披，富有变化。此图根据杜甫的诗句“竹深留客住，荷净纳凉时”所绘。画中主人的居处是一个避暑山庄，庄外两峰对峙，山谷传风。中间一条小路，两旁修竹密布，水榭中有人对坐清谈，水榭外的水中荷叶清香，创造了一种清幽的环境。

望莲台

[唐]朱景玄①

秋台好登望，菡萏发清池。
半似红颜醉②，凌波欲暮时。

【难点疏通】

①朱景玄：唐武宗会昌(841～846)时人。吴郡（今江苏苏州）人。元和初应进士举。曾任咨议，历翰林学士，官至太子谕德。诗一卷，今存十五首。编撰有《唐朝名画录》。

②红颜醉：鲜红的荷花像喝醉了酒一样。

【诗义解说】

秋天刚好登台远望，荷花在池塘里盛开。鲜红的颜色有一半像喝醉了酒，天快黑时盛开在水面。

明·陆治《唐人诗意图》（选一）

陆治(1496～1576)，字叔平，号包山，吴县（今江苏省苏州市）人。工诗文，善行楷，善画花鸟山水。花鸟以工笔见胜，勾勒精细，敷色清丽，有“妍丽派”之称。山水用笔劲峭，景色奇险，意境清朗，自具风格，在吴门派画家中具有一定新意。此图根据唐朝诗人赵嘏的诗句“秋馆池塘荷叶后，野人篱落豆花初”所绘。图绘建在溪流上的一座水榭，面临池塘，池塘里散落着片片荷叶。水榭中二人正在闲话。环境清幽，让人流连。

永乐殷尧藩明府县池嘉莲咏①

[唐]雍陶②

青苹白石匝莲塘，水里莲开带瑞光。
露湿红芳双朵重，风飘绿蒂一枝长。
同心栀子徒夸艳③，合穗嘉禾岂解香④。
不独丰祥先有应，更宜花县对潘郎⑤。

【难点疏通】

①永乐：县名，在今山西省芮县西黄河边上。殷尧藩：唐代诗人，秀州（今浙江嘉兴）人。元和九年(814)进士，官至侍御史。明府：唐朝称县令为明府。 ②雍陶：字国钧，成都人。工词赋。对仕途期望甚切，但一直不顺。直到大和八年才中进士。曾授国子毛诗博士，出刺秒州。晚年辞官养病，闲居雅州（今四川雅安）。 ③同心栀子：栀子一名同心栀子，花白色。 ④合穗：一枝两穗的庄稼。嘉禾：庄稼生长茂盛。古人认为这都是祥瑞。 ⑤花县：晋潘岳为河阳令，满县种桃李，有“河阳一县花”之称。潘郎：即潘岳。

【诗义解说】

青苹和白石环绕着池塘，水里的莲花盛开带着祥瑞之光。露水打湿了红色的并蒂莲，一株颀长的荷枝在风中摇荡。同心栀子白白地夸耀自己的艳丽，双穗嘉禾哪里有荷花的芳香。不仅仅丰收吉祥都有先兆，而且更适合在花县面对潘郎。

明·王问《荷花图卷》

王问(1497～1576)，子裕，号仲山，江苏无锡人。自幼聪慧，九岁能诗文，且喜绘画。正德十四年(1519)中举。嘉靖十一年(1532)会试中又中试，但未参加殿试，回无锡继续读书。六年后才赴京廷对，考中嘉靖十七年(1538)进士，初授户部主事，监徐州仓。后调南京兵部，任车驾郎中。后弃官回无锡，三十年不履城市。这幅长卷绘荷花吐叶、含苞、绽放、盛开、花凋、荷败等生长过程，构图紧凑，色调雅致，轻妙多姿。

新荷 [唐]李群玉[1]

田田八九叶，散点绿池初。
嫩碧才平水，圆阴已蔽鱼。
浮萍遮不合，弱荇绕犹疏。
半在春波底，芳心卷未舒[2]。

【难点疏通】

①李群玉(808～862)：字文山，唐代澧州（今湖南澧县）人。极有诗才。早年杜牧游澧时，劝他参加科举考试，但他“一上而止”。后宰相裴休视察湖南，郑重邀请李群玉再作诗词。他进京向皇帝奉献自己的诗歌“三百篇”。唐宣宗“遍览”其诗，称赞“所进诗歌，异常高雅”，并赐以“锦彩器物”，“授弘文馆校书郎”。三年后辞官回归故里，死后追赐进士及第。 ②芳心：花的心。

【诗义解说】

荷花长出了八九片叶子，稀稀落落散落在绿色的池塘里。鲜嫩的叶子才与水面相平，圆圆的阴影已经遮蔽了游鱼。浮萍还没有遮住水面，柔弱的荇菜绕着荷干疏疏落落。一半还在春天的水波里，卷曲的花心还没有伸展开去。

明·仇英《竹梧消夏图》

仇英(1498～1552)，字实父，一作实甫，号十洲，又号十洲仙史，太仓（今江苏太仓）人，移家吴县(今江苏苏州)。明代有代表性的画家之一，与沈周、文徵明和唐寅被后世并称为“明四家”“吴门四家”，亦称“天门四杰”。此图所绘为江南山水景色及文士的幽居生活。画面远山连绵，山下江湖平远，水上有一亭榭，亭内一文士倚栏平视远方，亭前一片竹林，林中二人正在谈论古今。山石轮廓简约，以石绿、淡赭渲染，意境幽逸闲静。

北亭

[唐]李群玉

斜雨飞丝织晓空①，疏帘半卷野亭风。
荷花向尽秋光晚②，零落残红绿沼中。

【难点疏通】

①织：雨丝像编织一样。这是一种形象的说法。 ②向尽：到了尽头。

【诗义解说】

雨丝斜飞飘洒在清晨的天空，稀疏的帘子卷起一半野亭边吹来阵阵轻风。荷花到了晚秋已经开到了尽头，纷纷飘落的花瓣落在绿色池水中。

明·陈栝《写生游戏图卷》

陈栝，生卒年不详，明嘉靖时人，字子正，号沱江，江苏苏州人。陈淳之子。善画花卉，笔似其父。此卷从左至右，绘牡丹、兰花、玉兰、桃花、荷花、水仙等九种花卉，花间穿插飞燕、蝴蝶、鱼虾、鸳鸯等动物。画花卉没骨、双勾并用，鸟用意笔，生动活泼，野趣横生。这里选的是荷花一段。

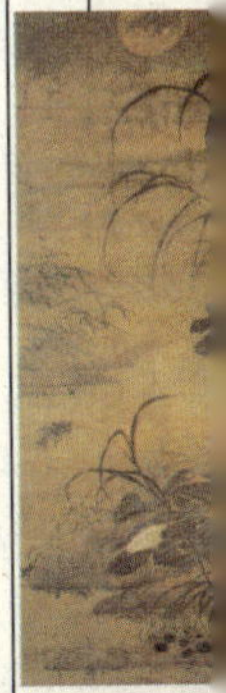

暮秋独游曲江

[唐]李商隐①

荷叶生时春恨生，荷叶枯时秋恨成。
深知身在情长在，怅望江头江水声。

【难点疏通】

①李商隐(约812～858)：字义山，号玉溪生、樊南生。祖籍怀州河内（今河南沁阳），生于荥阳（今属河南）。曾任弘农尉、佐幕府、东川节度使判官等职。诗作文学价值很高，与杜牧合称“小李杜”，与温庭筠合称“温李”，与同时期的段成式、温庭筠风格相近，且都在家族里排行十六，故并称为“三十六体”。

【诗义解说】

荷叶发芽的时候春天的怨恨产生，荷叶枯败的时候秋天的怨恨形成。深深地知道只要人在情就会长在，惆怅地望着江边听着流水声。

明·陈栝《平安瑞莲图》

此图以瓶装插荷为题材，不着背景，具有装饰意味。荷花以没骨法绘出，笔致工整，苇草、荷叶施以黄青色，与荷花颜色相互映衬，格调清新秀逸。古瓶轮廓用墨线勾勒，笔法劲健，与花草的柔韧形成质感的对比。构图简洁，显示出荷花脱俗的品性。

采莲

[唐]方干[1]

采莲女儿避残热，隔夜相期侵早发。
指剥春葱腕似雪，画桡轻拨蒲根月。
兰舟迟速有输赢，先到河湾赌何物。
才到河湾分首去，散在花间不知处。

【难点疏通】

①方干(809—888)：字雄飞，号玄英，睦州青溪（今浙江淳安）人。从小爱吟咏，一次偶得佳句，欢喜雀跃，不慎跌破嘴唇，人呼“缺唇先生”。桐庐章八元爱其才，招为过门女婿。以诗受钱塘太守姚合器重。大中年间流寓会稽鉴湖。咸通年间，浙东廉访使王龟竭力向朝廷推荐。终因朝廷腐败，不被起用。后人赞叹他“身无一寸禄，名扬千万里”。擅长律诗，清润小巧，且多警句。

【诗义解说】

采莲的女孩为了躲避暑热，前一天晚上约好明天早点儿出发。手指像剥开的春葱手腕像白雪，用有图案的船桨轻轻拨动映在蒲根上的月华。划着木兰舟快慢都有输赢，先到河的湾处不知她们赌的是什么东西。到了河湾之后分头散去，散落在花间不知到了什么去处。

明·徐渭《花卉十六种图·荷花》

徐渭(1521～1593)，字文长，号天池山人，晚年号青藤道士，或署名田水月。山阴（今浙江绍兴）人。少年屡试不第。中年以后任浙、闽总督胡宗宪幕僚，对当时军事、政治和经济多所筹划。晚年生活贫苦，以卖书画为生。文学家兼书画家，诗文、戏曲著作丰富，中年以后开始学画，擅长画花鸟，兼能山水人物，水墨写意，气势纵横奔放，不拘绳墨。与陈道复齐名，并称“青藤白阳”。此图绘牡丹、杏花、兰花、忘忧草、石榴、芙蓉、海棠等十六种花卉，用笔酣畅，水墨淋漓。这里选的是荷花一段。

残莲花二首之二　[唐]崔橹①

不耐高风怕冷烟②，瘦红欹委倒青莲③。
无人解把无尘袖④，盛取残香尽日怜。

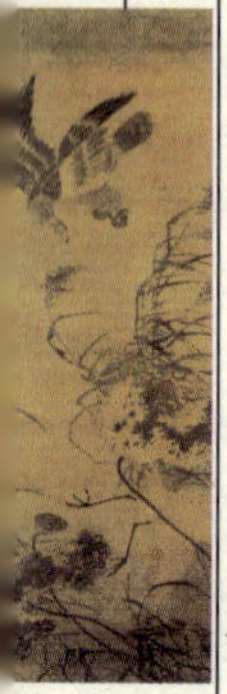

【难点疏通】

①崔橹：大中年间举进士（一作广明年间进士），曾任棣州司马。今存诗十六首。余不详。　②高风：劲风。　③瘦红：红色已经减退。欹委：枯萎凋落。　④解：懂得。

【诗义解说】

不怕狂风怕的是寒冷的烟雾，红色消减花瓣凋落莲蓬已经倾倒。没有人懂得用没有灰尘的衣袖，装一些残香整天怜惜这最后的香料。

明·徐渭《五月莲花图》

此图所绘荷花，高低错落有致。勾画花瓣丰盈华滋，似有清香暗放。画荷叶、荷茎则干湿残破，与花朵的风姿形成对比，别有野趣。用笔重下轻放，不作挑笔，一气呵成。上有题诗一首："五月莲花塞浦头，长竿尺柄插中流。纵令遮得西施面，庶得歌声渡叶不？"

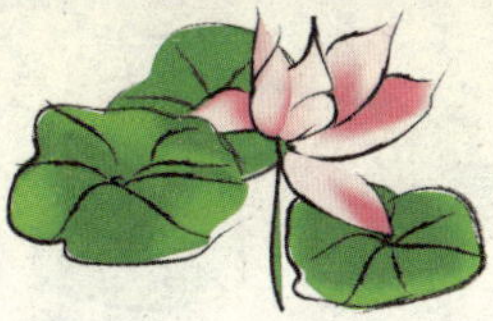

合欢莲花

[唐]韦庄[1]

虞舜南巡去不归[2]，二妃相誓死江湄[3]。
空留万古得魂在，结作双葩合一枝。

【难点疏通】

①韦庄(836～910)：字端己，长安杜陵(今属陕西长安)人，昭宗乾宁元年(894)进士，年轻时生活放荡，后入蜀，在王建所建前蜀政权中任宰相。诗词都很出色，语言清丽，多用白描手法写闺情离愁和游乐生活。 ②“虞舜”句：据《史记·五帝本纪》：“（舜）践位三十九年，南巡狩，崩于苍梧之野。” ③“二妃”句：二妃即舜二妃娥皇、女英。据汉刘向《列女传》：“舜陟方死于苍梧……二妃死于江湘之间，俗谓之湘君。”湄(méi)：岸边。

【诗义解说】

虞舜南巡一去就没有再回来，二女相约寻舜死在了湘水岸旁。名声流传万古英魂仍在，变作两朵荷花开在一个枝上。

明·徐渭《黄甲图》

此图以精练的笔墨绘螃蟹的爬行之状和荷叶萧疏的清秋气氛。蟹的造型，虽寥寥数笔，却浓、淡、枯、勾、点、抹诸多笔法掺用，质感、形状、神态历历具足。覆盖在上面的荷叶，用笔阔大，一气呵成，偃仰有致，在点画之外更具无尽的秋意，一改花鸟画自然秀润、恬静优雅的格调，形成大胆泼辣、乱头粗服的画风。

观荷叶露珠

[唐]齐己①

霏微晓露成珠颗②，宛转田田未有风。
任器方圆性终在③，不妨翻覆落池中。

【难点疏通】

①齐己(863～937)：唐代诗僧，俗名胡得生，潭州益阳（今湖南宁乡）人。幼时家境贫寒，父母早逝。少年聪颖，放牛时经常拿竹竿在牛背上比划作诗。顺庆寺僧侣十分惊异，劝他剃度出家。齐己出家后先居岣庆寺，解惑顿悟，声名大振。虽皈依佛门，却钟情吟咏，诗风古雅，格调清和。 ②霏微：飘洒。 ③任器：器具。《周礼•地官•牛人》："掌养国之公牛……凡会同军旅行役，共其兵车之牛，与其牵徬，以载公任器。"贾公彦疏："云任犹用也者，谓在军所须之器物皆是也。"

【诗义解说】

清晨洒下珍珠一样的露水，无风也在荷叶上来回滚动。任凭器物或方或圆但水的本性仍在，即使滚落水中也不影响它的本性。

明•周之冕《花卉图卷》

周之冕(1521～?)，字服卿，号少谷，长洲（今江苏苏州）人。擅花鸟，注重观察体会花鸟形貌神情及禽鸟的饮啄、飞止等种种动态。善用勾勒法画花，以水墨点染叶子，画法兼工带写，人称勾花点叶法。所作花鸟，形象真实，意态生动，颇有影响。写意花鸟，最有神韵。又善古隶。此卷画了五十多种四季奇花异草，描绘精致。画中花卉大致以季节为排列顺序，构图丰满，色彩浓丽典雅。这里选的是荷花一段。

莲叶

[唐]郑谷[1]

移舟水溅差差绿[2]，倚槛风摇柄柄香[3]。
多谢浣溪人未折[4]，雨中留得盖鸳鸯。

【难点疏通】

①郑谷(约851～910)：唐朝末期诗人。字守愚，宜春（今属江西）人。僖宗时进士，官都官郎中，人称“郑都官”。又以《鹧鸪诗》得名，人称“郑鹧鸪”。其诗多写景咏物之作，表现士大夫的闲情逸致。风格清新通俗。曾与许裳、张乔等唱和往还，号“芳林十哲”。 ②差差：参差不齐。 ③槛：栏杆。 ④浣溪人：在溪边浣纱的人。

【诗义解说】

船在水中移动把水珠溅在参差不齐的绿色荷叶上，倚靠栏杆看着风摇动株株荷花传来阵阵芳香。我要感谢在溪水中浣纱的女孩没有将它攀折，留下来在雨中遮盖一对对鸳鸯。

明·周之冕《莲塘文禽图》

此图所绘为荷塘中景色，几株荷叶敧正仰俯，姿态各异，荷花或含苞，或盛开，鲜活自然。一对鸳鸯正在水中嬉戏，羽毛丰满，情趣盎然。景物描画生动，笔墨自然，设色淡雅，意境清俊舒朗。

独芙蓉

[唐]王贞白[1]

方塘清晓镜，独照玉容秋[2]。
蠹芰不相采[3]，敛萍空自愁。
日斜还顾影，风起强垂头。
芳意羡何物[4]？双双鸂鶒游[5]。

【难点疏通】

①王贞白(875～？)：字有道，号灵溪。信州永丰（今江西广丰）人。唐末五代十国著名诗人。唐乾宁二年(895)进士，七年后授职校书郎，尝与罗隐、方干、贯休唱和。在登第授职之间的七年中，他随军出塞抵御外敌，写下了许多边塞诗，有不少反映边塞生活、激励士气的佳作。　②玉容：指荷花。　③芰：菱。　④芳意：对他的情意。　⑤鸂鶒(xī chì)：水鸟名。形大于鸳鸯，而多紫色，好并游。俗称紫鸳鸯。

【诗义解说】

清晨起来看到清澈的水塘就像一面明镜，一枝荷花独自开在深秋。被虫子咬过的菱角无人去采，聚在一起的浮萍空自哀愁。太阳偏西还能看见自己的身影，风吹来不情愿地低下了头。人们经常羡慕的是什么东西？一对对鸂鶒在水中遨游。

明·周之冕《花鸟图册·荷》

图的主要位置是一朵艳丽的荷花，用胭脂点出花瓣的尖端，用细线勾出花边，背后衬以绿色荷叶，使花朵显得格外漂亮。一根草叶伸向左上方空白位置，使画面变得饱满。艳而不俗，赏心悦目。

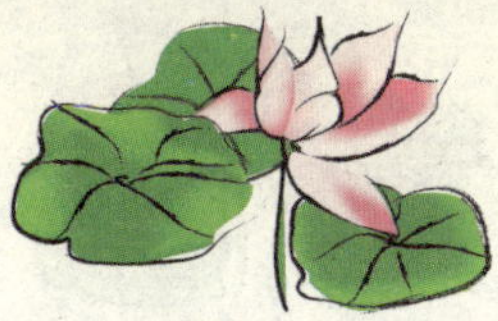

题学公院池莲　[唐]李洞[1]

竹引山泉玉甃池[2]，栽莲莫怪藕生丝。
如何不似麻衣客[3]，坐对秋风待一枝。

【难点疏通】

①李洞：字才江。京兆（陕西西安）人。生卒年不详。唐宗室后裔。曾于唐昭宗时三次应试落第。后流落蜀中而卒。　②玉甃(zhòu)池：用玉砌的池壁。对池塘的美称。甃，以砖瓦砌的井壁。　③麻衣：麻布衣，古时平民所穿。

【诗义解说】

用竹筒引来山泉注进池塘里，栽莲就不要怪藕会生出藕丝。为什么不像普通百姓那样，在秋风里坐在池边等待着开花的一枝。

明·吕希文《四季花鸟图》

吕希文，明代画家，生平事迹皆不详。此图按顺序绘四季花鸟，疏密有致，布局巧妙。春季则岸柳如烟，春云、翠峦、百鸟、千花，生机盎然；夏季则嘉木成荫，荷塘香溢，一片葱茏；秋季则万木萧瑟，残荷参差，雁凫南去，野菊、芍药独见芳妍；冬季则雪峰高峙，古松森然，野梅御寒而发。构图方法多样，勾勒、没骨、皴染并用，设色雅丽，基调宁静。

野塘

[唐]韩偓[1]

侵晓乘凉偶独来[2]，不因鱼跃见萍开。
卷荷忽被微风触，泻下清香露一杯。

【难点疏通】

①韩偓(844～约914)：字致尧，小字冬郎，自号玉山樵人，京兆万年（今陕西西安）人。官翰林学士、中书舍人。黄巢起义军入长安，随昭宗出奔凤翔，进兵部侍郎、翰林承旨。后以不附朱全忠被贬斥，南依闽王王审知而卒。诗多描写艳情，词藻华丽，有“香奁体”之称。 ②侵晓：天色渐明之时，拂晓。

【诗义解说】

天刚亮趁着天凉一个人独自到来，不是因为有鱼儿跃出才看见浮萍四散。卷起的荷叶忽然被微风吹动，流淌下来的清香露水把一杯装满。

明·孙克弘《写生花卉蔬果图卷》

孙克弘(1533～1611)，名克宏，字允执，号雪居，松江（今属上海市）人。官至汉阳知府。天资高敏，刻意书画，山水、花鸟、竹俱工，时写人物、仙释。名重一时，求绘者填塞。善用枯老之笔行干作花，或着色或水墨，皆极古淡。晚年屏却一切，仅写墨梅。此卷绘多种花卉、蔬果以及盆景、花瓶等。此选莲蓬一段。

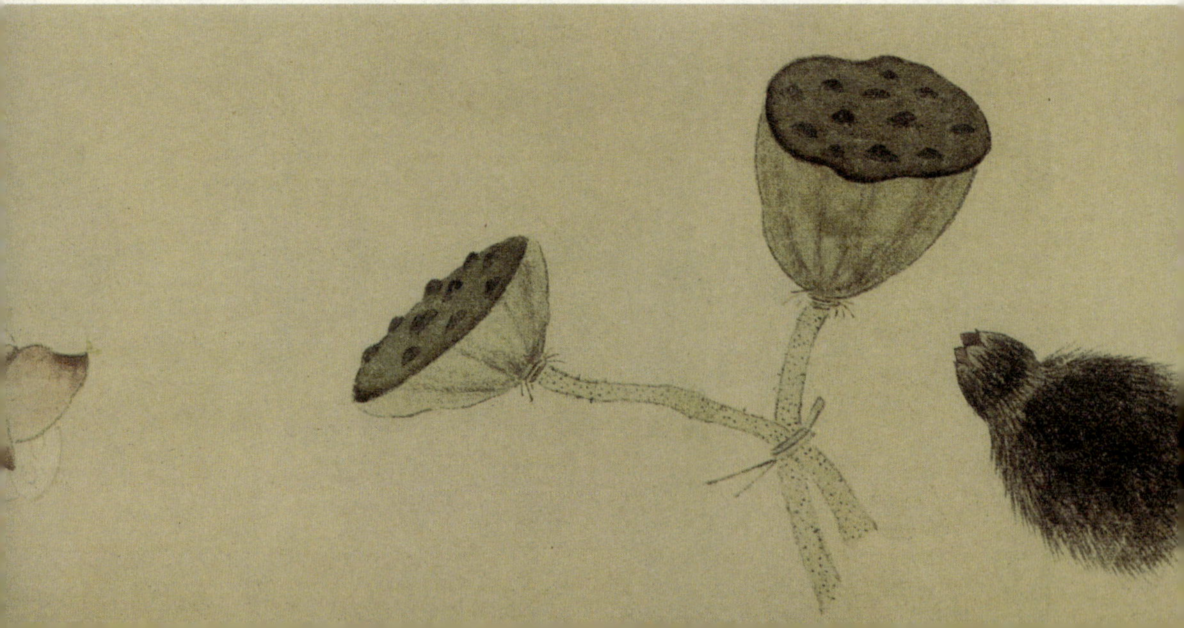

采莲子二首之一 [唐]皇甫松[1]

菡萏香连十顷陂，小姑贪戏采莲迟[2]。
晚来弄水船头湿，更脱红裙裹鸭儿。

【难点疏通】

①皇甫松：字子奇，自号檀栾子，睦州新安（今浙江淳安）人。生卒年不详。工部侍郎皇甫湜之子，宰相牛僧孺之外甥。工诗词，尤擅竹枝小令，能自制新声。《花间集》录其词十二首。 ②小姑：小女孩。

【诗义解说】

清香的荷花飘满了十里水塘，小女孩因为贪玩采莲到很晚。天色已晚还在玩水打湿了船头，又脱下红裙包裹鸭崽。

明·朱多炡《荷花野凫图》

朱多炡，字贞吉，号瀑泉，江西南昌人。明太祖朱元璋第十六子朱权后裔，八大山人祖父。爵封奉国将军。为人好游，能诗工书，善画山水花鸟。图绘芦苇池中，荷花盛开，四只野凫，三只在前，一只在后，追逐浮游于荷塘中，形象生动毕肖，逗人喜爱。构图新颖别致，动静结合。用笔兼工带写，于工致中又富自然生态之趣。

采莲子二首之二 [唐]皇甫松

船动湖光滟滟秋①，贪看年少信船流②。
无端隔水抛莲子③，遥被人知半日羞。

【难点疏通】

①滟滟：水波闪动的样子。 ②信船流：任船顺水漂流。 ③无端：无缘无故。

【诗义解说】

秋光里船行湖上激起层层水波，贪恋地看着男孩坐船顺水漂流。无缘无故隔着水扔过莲子，远远被人看见半天都感到害羞。

明·蓝瑛《荷石图》

蓝瑛（1585～1664，一作1585～约1666)，字田叔，号蝶叟，晚号石头陀、山公、万篆阿主者、西湖研民等。钱塘（今浙江杭州）人。浙派后期代表画家之一。工书善画，长于山水、花鸟、梅竹，尤以山水著名。图绘嶙峋巨石耸立，旁衬残荷数枝。落笔纵横奇古，气象万千。

白莲 [北宋]杨亿①

昨夜三更里，嫦娥坠玉簪。
冯夷不敢受②，捧出碧波心。

【难点疏通】

①杨亿(974～1020)：北宋“西昆体”诗歌主要作家。字大年。建州浦城（今福建浦城）人。年十一，太宗闻其名，诏送阙下试诗赋，授秘书省正字。淳化中赐进士，曾为翰林学士兼史馆修撰，官至工部侍郎。性耿介，尚气节，在政治上支持丞相寇准抵抗辽兵入侵。又反对宋真宗大兴土木、求仙祀神的迷信活动。卒谥文，人称杨文公。　②冯夷：古代神话中的黄河水神。也泛指水神。

【诗义解说】

昨天晚上三更天的时候，嫦娥不小心把玉簪掉在水里。水神冯夷不敢接受这神灵之物，恭敬地用双手从碧波中捧出。

明·董其昌《燕吴八景图·西湖莲社》

董其昌(1555～1636)，字玄宰，号思白，又号香光居士，华亭（今上海闵行区马桥镇）人。“华亭派”的主要代表。明万历十六年(1588)进士，官至礼部尚书，卒谥文敏。精于书画鉴赏，收藏很多名家作品，在书画理论方面论著颇多。工书法。在笔墨的运用上追求先熟后生的效果，拙中带秀，体现出文人创作中平淡天真的个性。书画风格名重当世，并成为明代艺坛的主流。此册由八幅图组成，这里选的是西湖莲社一幅。图绘远山迷蒙，山下是宽阔的水域，一条小路通向远处，一士人正走在小路上。岸边长满了荷叶。设色典雅，意境清幽。

白莲　[北宋]智圆大师[①]

栽种空池岁已赊，暑天开处异群花。
澄波照影疑秋鹭，静夜擎香混月华[②]。
雪态自堪怜翡翠，玉苞终耻近蒹葭[③]。
闲来倚槛看无厌，为似禅心本绝瑕[④]。

【难点疏通】

①智圆大师：宋代天台宗山外一派的义学名僧。字无外，自号中庸子，或称潜夫。钱塘（今杭州）人，俗姓徐。生卒年不详。②擎：举。③蒹葭(jiān jiā)：芦苇。蒹，没有长穗的芦苇。葭，初生的芦苇。④瑕：玉上面的斑点。

【诗义解说】

栽种在空旷的池里已经很多年，暑天盛开与别的花不同。影子倒映在水中怀疑是秋天的白鹭，安静的夜晚捧出一朵香与月光混同。雪一样的姿态可以跟翡翠相比，玉一样的花苞不肯跟芦苇相并。闲来无事倚在栏杆看也看不够，因为它似有禅心没有一点儿灰尘。

明·项圣谟《花卉图册·荷》

项圣谟(1597～1658)，明末清初画坛上独树一帜的著名画家，初字逸，后字孔彰，号易庵，别号甚多，浙江嘉兴人。自幼受家庭熏陶，精研古代书画名作，虽然曾由秀才举荐为国子监太学生，但不求仕进，而把兴趣投入到书画中，从而在绘画创作上，很早就显现出了多方面的才能，山水、人物、花鸟无一不精。此图册共十开，这里所选为荷花一开。图绘一硕大荷叶位于画的底部，使整个画面有了稳定感。一枝嫩叶挺出，正欲展开叶子。中间一株含苞欲放的荷花亭亭玉立，周围有细草、红蓼点缀。构思精巧，上部留有空白，为荷花生长留出空间。

雨中荷花 [北宋]杜衍[1]

翠盖佳人临水立，
檀粉不匀香汗湿[2]。
一阵风来碧浪翻，
真珠零落难收拾[3]。

【难点疏通】

①杜衍(978～1057)：字世昌，北宋山阴上虞（今浙江绍兴）人。大中祥符元年(1008)进士。初任平遥、乾州、凤翔等地方官，后以太常博士提点河东路刑狱，选为都转运使，迁二部郎中。仁宗召为御史中丞，兼摄吏部。宝源二年(1039)知永兴军。庆历四年(1044)拜同平章事、集贤殿大学士，兼枢密使，为宰相。皇祐元年(1049)特迁太子太师，封祈国公。谥正献。善诗，兼工书法，正、行、草书皆有法，为世所重。 ②檀粉：化妆用的香粉。 ③真珠：珍珠。

【诗义解说】

翠色荷叶下有位佳人站在水边，香粉抹得不匀被汗水打湿。一阵清风吹来掀起波浪，荷叶上的水珠到处飘落难以收拾。

明·陈洪绶《花鸟图屏·夏》

陈洪绶(1598～1652)，字章侯，幼名莲子，一名胥岸，号老莲，别号小净名，晚号老迟、悔迟，又号悔僧、云门僧。浙江诸暨人。幼年早慧，诗文书法俱佳。崇祯十二年(1639)到北京宦游，以捐赀入国子监，召为舍人，奉命临摹历代帝王像，因而得观内府所藏古今名画，技艺益精，名扬京华，与崔子忠齐名，世称“南陈北崔”。明朝覆没后，避难绍兴云门寺，削发为僧，一年后还俗。晚年学佛参禅，在绍兴、杭州等地鬻画为业。此为春夏秋冬四条屏中的夏，景绘荷花及鹭、鱼、蛙，寓意“一路荣华”。

红白莲 [北宋]杜衍

芙蓉照水弄娇斜①，
白白红红各一家。
近日新花出新巧，
一枝能看两枝花。

【难点疏通】

①娇斜：荷枝倾斜得十分好看。

【诗义解说】

荷花映照在水上摆出娇美的姿态，有红有白各自成为一家。最近花朵又开出新的样子，一枝上能开出两种颜色的花。

明·陈洪绶《莲石图》

此图中心部位随意勾勒一通湖石，立在水中，石下水面有刚生出的小荷，叶子浑圆，用浓墨点染。石后一丛荷花，荷叶挺立，摇曳生姿，颇有出淤泥而不染的精神。此图虽为花鸟，却用山水画的布局。荷花、荷叶的造型十分朴实，笔墨圆润，别有意趣。上有题诗一首："青莲法界野人家，官柳蓑蓑百丈沙。战马未来犹未去，怀之不已写莲花。"

千叶瑞荷花

[北宋]胡宿[1]

绛蕊层层吐翠罗[2]，水妃冠重晓峨峨[3]。
应嫌菖本开花少[4]，却斗榴房着子多[5]。
含露自知芳意在[6]，偃风无奈落英何[7]。
更怜玉骨藏深怨[8]，暗结千丝在绿波。

【难点疏通】

①胡宿(995～1067)：字武平，常州晋陵（今江苏常州）人。仁宗天圣二年(1024)进士。历官扬子尉、通判宣州、知湖州、两浙转运使、知制诰、翰林学士、枢密副使。英宗治平三年(1066)以尚书吏部侍郎、观文殿学士知杭州。任太子少师致仕，命未至已病逝，谥文恭。　②翠罗：绿色的丝织物。这里指荷叶。　③水妃：指火。《左传·昭公九年》：“火，水妃也。”这里指荷花开得红艳。峨峨：高。　④菖：多年生草本植物，生在水边，地下有根茎，叶子形状像剑，花穗像棍棒。　⑤榴房：即石榴。　⑥含露：带着露水。　⑦偃风：倒伏于风中。　⑧玉骨：指藕。

【诗义解说】

红色的花朵从层层的荷叶里长出，火焰一样的花朵耸立在清晨的水里。应该嫌菖蒲开花太少，却与石榴来比谁结更多的子实。带着露水知道花的香气还在，风吹荷倒花瓣纷纷飘落。更可怜荷藕埋藏着深深的怨恨，在绿波深处暗暗结着一条条藕丝。

明·陈洪绶《荷花鸳鸯图》

此图绘一块风格独特的湖石耸立在岸边的坡上，石后生长着数枝荷花，花大而叶肥。三只彩蝶好像嗅到了荷花的清香，一只已落在花上吸吮起来，另两只正翩翩飞来。石下水面波纹动荡，浮萍、钱荷相间而生。两只鸳鸯悠闲地在水中游动，顾盼生姿。此图用笔精工，荷花的盛开与欲开，荷叶的正侧翻转，萍的分布，苔的点缀，鸳鸯、彩蝶的神态，都能曲尽其妙。

莲塘 [北宋]梅尧臣[1]

不畏塘雨急，
钿叶自相遮[2]。
文禽忽惊去[3]，
冲落波上霞。

【难点疏通】

①梅尧臣(1002～1060)：字圣俞，世称宛陵先生，北宋著名诗人。宣州宣城（今属安徽）人。初试不第，以荫补河南主簿。皇祐三年(1051)始得宋仁宗召试，赐同进士出身，为太常博士，又为国子监直讲，累迁尚书都官员外郎，故世称“梅直讲”“梅都官”。诗风关心现实，接近人民，注重诗歌的形象性，意境含蓄。②钿叶：荷花像镶在荷叶上的珠宝。③文禽：羽毛有文彩的鸟。指鸳鸯之类。

【诗义解说】

不怕池塘里的雨来得急，荷的叶子自然能够遮挡。鸳鸯受惊忽然飞走，冲破了水上的霞光。

明·陈洪绶《红莲图》

在一块玲珑剔透的湖石背后，几枝荷花与荷叶亭亭玉立，一只好大的彩蝶正向荷花飞来，为画面增加了生活气息和动感。水面漂浮着刚出水的圆圆嫩叶。荷花、荷叶精勾细染，赋色雅丽。碧波荡漾的湖水与湖石形成柔与刚、动与静的对比。

荷叶 [北宋]欧阳修①

池面风来波滟滟②，
波间露下叶田田。
谁于水面张青盖，
罩却红妆唱采莲？

【难点疏通】

①欧阳修(1007～1072)：北宋文学家、史学家。字永叔，号醉翁、六一居士，吉州吉水（今江西永丰）人。天圣进士。官馆阁校勘，因直言论事贬知夷陵。庆历中任谏官，又被贬知滁州。后官至翰林学士、枢密副使、参知政事。谥文忠。宋初古文运动的领袖，为“唐宋八大家”之一。诗风与其散文近似，语言流畅自然。其词婉丽，承袭南唐余风。　②滟滟：水波闪动的样子。

【诗义解说】

风吹池面上波光粼粼，露水落在田田的荷叶上。是谁在水面上张开了青色的伞盖，罩住了红妆只有采莲女的歌声回荡。

明·陈洪绶《荷花双蝶图》

图中一朵硕大的莲花被一枝曲柄托着伸向最显著的位置，两片荷叶居于花下，给画面一种稳定感。另有一蓓蕾刚从荷叶后面露出一个尖角。上方一大一小两只蝴蝶正向花朵飞来，显然是被花的香气所吸引。花、叶、蝶造型严谨，用笔细腻，基本写实，用色滋润而素雅，具有极强的视觉效果。

柳溪嘲莲 [北宋]韩琦[1]

清香奇色匝芳洲[2]，
只得公余一见休。
道是好花堪谑问[3]，
几时曾上美人头。

【难点疏通】

①韩琦(1008～1075)：字稚圭，相州(河南安阳)人，北宋仁宗、英宗、神宗三朝宰相，在相位十年，执掌大政，被后世称为一代贤相。谥号“忠献”，赠尚书令，配享英宗庙。宋徽宗政和五年(1115)追论韩琦定策之功，封魏王。　②匝：环绕。　③谑问：开玩笑地问。

【诗义解说】

清新的香气奇异的颜色布满芳洲，只有在公余的时候才能到这里观光。都说花开得好我要开玩笑地问上一句，什么时候才能插在美人的头上。

明·陈洪绶《铜瓶插荷图》

图绘一只铜瓶，肚大而颈小，瓶上锈迹斑斑，上面插着一枝荷花、一片荷叶，还有几根野草。铜瓶、草叶、荷叶均用较深的颜色，以衬托红荷。花瓣用墨笔勾边，再用胭脂染花瓣的尖，使荷花典雅而秀丽。

戏题荷花 [北宋]李觏[1]

昔人诗笔咏莲花，
不嫁春风早可嗟[2]。
今日倚栏添懊恼，
池台多是属僧家。

【难点疏通】

①李觏(1009～1059)：思想家、诗人。字泰伯，建昌军南城（今属江西）人，南城在盱江边，李觏在此地创建盱江书院，故世称“盱江先生”。家世寒微，自称“南城小民”。俊辩能文，举茂才异等不中，讲学自给，来学者常数十百人。范仲淹荐为太学助教，后为直讲。

②不嫁春风：不在春天开花。

【诗义解说】

从前人们用诗来吟咏荷花，不在春天开花实在让人感叹。今天倚在栏杆反而增添了烦恼，池塘亭台大多在寺庙里面。

明·陈洪绶《和平呈瑞图》

此图取瓶与荷的谐音，题名“和平”。图上铜瓶厚重稳当，上面插着荷花、菊花及一些水草。下方花盆里栽着灵芝，盆里还放着几块石子。整幅画面充满了祥瑞气象。铜瓶用笔苍劲，灵芝像云朵一样飘在铜瓶上，打破了铜瓶的板直。盛开的荷花与硕大的荷叶相互映衬，画面颜色和谐，艳而不俗。

并蒂莲 [北宋]邵雍[1]

汉室婵娟双姊妹[2]，
天台缥缈两神仙[3]。
当时尽有风流过，
谪向人间作瑞莲。

【难点疏通】

①邵雍(1011～1077)：字尧夫，又称安乐先生、百源先生，谥康节，后世称“邵康节”，北宋理学家。著有《皇极经世》《伊川击壤集》《观物内外篇》《渔樵问对》等。

②“汉室”句：指汉成帝妃赵飞燕和赵合德。　③“天台”句：东汉永平年间，刘晨和阮肇二人入天台山采药，遇二仙女，招至成亲，半年后二人回家，方知子孙已过了七世，时已过百年，无人认识二人。二人返山找仙女，最终也没找到原路。

【诗义解说】

汉室里姿态美好的两姊妹，还有天台山上虚幻缥缈的两位女仙。当时都犯有风流的过错，被贬谪到人间变成并蒂莲。

明·陈洪绶《荷花图》

一块形象秀丽的湖石立在水边，下面河水动荡，湖石背后一朵荷花正在盛开，另一半开的荷花被荷叶遮挡，只露出一个尖顶。用浓淡不同的墨色表现湖石明暗的纹理、荷叶的向背，用淡彩绘花朵，若隐若现，突显了荷花的神韵。

芙蕖

[北宋]王安石[1]

芙蕖耐夏复宜秋，一种今年便满沟。
南荡东陂无此物[2]，但随深浅见游鯈[3]。

【难点疏通】

①王安石(1021～1086)：字介甫，号半山，封荆国公。临川(今江西抚州）人，北宋杰出的政治家、思想家、文学家、改革家，散文为唐宋八大家之一。官至宰相，主张改革变法。有《王临川集》《临川集拾遗》等存世。 ②荡：积水长草的洼地。 ③鯈(tiáo)：古同“鲦”。白鲦鱼。

【诗义解说】

芙蕖耐得酷热的夏天也适合凉爽的秋天，种下之后今年就长得十分茂密。南边的水荡东边的水池都没有这种东西，只是随着水的深浅可以看见游动的鲦鱼。

明·陈洪绶《莲石图》

图中湖石叠嶂，立于水中，水面漂浮着鲜嫩的荷叶，石的背后荷花盛开，几枝荷叶亭亭玉立，有的已经枯萎，低下头去。本图兼工带写，线条流畅而灵活，稍有皴染，构图近似山水画中的高远法。

莲花池 [北宋]黄中庸[1]

莲花瓣里可撑船，
一月映成水一川。
人把水心和月净，
莲花贮月水倾船[2]。

【难点疏通】

①黄中庸(1030～1110)：字长行，号军城居士，北宋文学家、政治家。福建兴化军（今莆田）人。从小学习刻苦，勤奋上进，皇祐四年(1052)中福建乡试举人，次年，赴京会试第一，经殿试中进士二甲第一名。历官江西安福知县，治平四年(1067)后，任太常博士擢广西北海通判、邵武知府、太常卿，主持修撰皇帝起居礼宾司庙会，起草礼仪诏诰等。天性浑厚，为人仁惠。　②水倾船：船倒映在水里就像翻过来一样。

【诗义解说】

在莲花瓣里可以摆船，皎洁的明月映着一条河水。人在水中央跟月亮一样洁净，莲花里贮存着月亮船倒映在水里。

明·魏学濂《荷花鹭鸶图》

魏学濂(1608～1644)，字子一，号内斋，一作容斋，浙江嘉善人。崇祯十六年(1643)进士，擢庶吉士，第二年特召见，将任用。不久李自成进京师，明亡，自杀殉国。有《藏密斋诗稿》。善山水，其画世不多见，简劲处颇得“马一角”遗意。图中水波轻动，荷叶遮天，荷花或绽放或含苞，一枝莲蓬已挺出荷叶之上，一只鹭鸶站在水中，目微闭，似在养神。荷叶水墨淋漓，荷花含露带水，以率意之笔绘野草，笔墨简洁，潇洒飘逸。

芙蓉池

[北宋]刘攽[1]

风摇羽扇露盈盘，卷卷翻翻欲定难。
醉眼波心欢有遇，水仙倾盖正相看。

【难点疏通】

①刘攽(bān)(1023～1089)：字贡父，号公非。与哥哥刘敞一同中庆历六年(1046)进士，从此步入仕途。在仕途上，一生比较坎坷，先在州县做了二十多年的地方官，才被调到朝中做国子监直讲。在政治上是保守派，曾上书极力反对王安石变法，由此被王安石排挤出朝，贬为泰州通判，后改为曹州知府。晚年任中书舍人。他协助司马光参与了《资治通鉴》的编纂工作，此外还有史学著作《东汉刊误》《汉宫仪》《经史新义》《五代春秋》《内传国语》等，是宋朝著名的诗人和文章大家。

【诗义解说】

风吹动羽扇一样的荷叶露水落满盘子一样的荷叶，时而卷起时而翻动想要定下来很难。醉眼望着波心高兴的是有了意外的收获，水中仙子推开荷叶正在观看。

清·恽冰《蒲塘秋艳图》

恽冰，生卒年不详，清代著名女画家，活动于康熙中期至乾隆初期，字清于，武进（今江苏常州）人。恽寿平家族后裔。自幼潜心于花鸟画创作。成年后，嫁同郡毛鸿调为妻。婚后良好的文化环境有助于她的艺术成熟。她与以擅勾染闻名的马荃合称为清代女性画坛二绝。此图绘池塘之中，几株荷花挺立，有的已经盛开，有的含苞待放。以没骨法晕染，笔法工整。

白莲花 [北宋]徐积①

水一重重玉一重，
更无妖色媚西风②。
虽然物外能为素③，
又恐人间只爱红。

【难点疏通】

①徐积(1028～1103)：字仲车，楚州山阳（今江苏淮安）人。英宗治平二年(1065)进士。哲宗元祐元年(1086)由近臣推荐，为楚州教授。徽宗崇宁二年(1103)监西京嵩山中岳庙。政和六年(1116)赐谥节孝处士。 ②妖色：艳冶的颜色。 ③物外：尘世之外。

【诗义解说】

一重重清澈的池水一重重玉一样的莲花，没有艳冶的颜色来讨好西风。虽然在尘世之外能形成洁白，怕的是人世间的人都喜欢鲜红。

清·唐宇昭《荷鹭图》

唐宇昭(1602～1672)，字孔明，号半圆，江苏常州人。崇祯九年(1636)举人。工诗，善书画，水墨竹石，淡逸飘举，胸无纤尘。与恽寿平为金石交，其画风对恽派影响较大。此画淡逸飘举，荷花写得极为生动恬静，穿插着野草，一只白鹭安静地卧在荷叶之下。设色妍丽，环境清幽淡雅。

菡萏轩 [北宋]吕陶[1]

开轩向芙蓉，红绿如捧拥。
游鱼定相忘，时见花光动。

【难点疏通】

①吕陶(1028～1105)：字元钧，号净德，眉州彭山（今属四川）人。仁宗皇祐进士，官铜梁、寿阳令，太原府判官。神宗熙宁三年(1070)又举制科，改蜀州通判，迁知彭州。因反对榷茶，贬监怀安商税。哲宗时起知广安军，召为司门郎中，擢殿中侍御史，迁左司谏。因涉洛蜀党争，出为梓州、成都路转运副使。复入为起居舍人，迁中书舍人，进给事中。哲宗亲政，出知陈州，徙河阳、潞州。又因元祐党籍谪提举潭州南岳庙。徽宗时起知梓州。崇宁元年(1102)致仕。

【诗义解说】

打开窗子面对着满池荷花，红红绿绿就像有人双手捧出。游戏的鱼儿一定忘记有人在这里，不时看见倒映在水中的花影在动。

清·傅山《山水花卉图册·芙蓉杨柳》

傅山(1606～1684)，山西太原人。初名鼎臣，字青竹，改字青主，又有真山、浊翁、石人等别名。清代著名思想家，被称为“清初六大师”，同时代人评价他“博极群书，时称学海”。在书法绘画艺术甚至医学方面也有非凡的造诣。此图册共十六开，此所选为芙蓉杨柳一开。画面均用墨笔。两株柳干从左侧上破画面，再从上方垂下，柳枝之后有一弯明月。荷花盛开，荷叶田田。上题有北齐诗人萧悫的诗句：“芙蓉露下落，杨柳月中疏。”

盆荷二首之一

[北宋]程颢[1]

庭下竹青青，盆荷水面平。
谁言无远趣[2]？自觉有余清。
影倒假山翠，波光朝日明。
涟漪尤绿净[3]，凉吹夜来生。

【难点疏通】

①程颢(hào)(1032～1085)：字伯淳，人称明道先生，原籍河南洛阳，生于湖北黄陂县。宋代大儒，理学家、教育家，被封为“先贤”。与程颐为同胞兄弟，世称“二程”。早年受学于理学创始人周敦颐，宋神宗赵顼时，建立起自己的理学体系。 ②远趣：深远的意趣。 ③尤：特别。

【诗义解说】

房前长着一片青青的竹丛，盆中的荷花水面平静。谁说没有深远的意趣？自己觉得十分清新。翠绿的假山倒映在盆里，闪动的波光在阳光下一片光明。泛起层层涟漪十分洁净，夜晚凉风吹来荷花长得更盛。

清·刘度《山水图册·水榭清话》

刘度，生卒年不详，明末清初画家，字叔宪，钱塘（今浙江杭州）人。图绘一湾湖水边耸立着一块巨大的湖石，水阁连着游廊环湖石而建，游廊下可见荷叶散落。近岸高大的树木参天而立，远山连绵，一条溪流从远处流进池塘。水阁内有二人坐在窗前，饮茶清谈。湖石形状秀美，树色浓重，极力彰显其郁茂。游廊及水亭用笔工细，全图颜色和谐，景色清幽。

雨池荷花

[北宋]韦骧①

云翳前山雨脚长②，洒然清气动莲塘。
花中润色添来美，叶上繁声过去忙。
红面浑羞泣珠泪③，翠盘微重泻琼浆④。
萧萧古县无公事⑤，赢得澄神坐冷床⑥。

【难点疏通】

①韦骧(1033～1105)：原名让，字子骏，世居衢州，后移居钱塘。皇祐五年(1053)进士，调睦州寿昌县尉，以母丧不赴。服阕后官兴国军司理参军，历知婺州武义县、袁州萍乡县、通州海门县，通判滁州、楚州。入为少府监主簿。哲宗时擢利州路转运判官，移福建路，召为主客郎中，出为夔州路提点刑狱，知明州。晚年提举杭州洞霄宫。工诗文。②云翳：阴云密布。雨脚：随云飘行、长垂及地的雨丝。　③泣珠泪：指神话传说中鲛人流泪成珠。旧题汉郭宪《洞冥记》卷二：“（吠勒国人）乘象入海底取宝，宿于鲛人之舍，得泪珠，则鲛所泣之珠也，亦曰泣珠。”此指水珠。　④琼浆：仙人的饮料。此指雨水。　⑤萧萧：清静，安静。　⑥澄神：神志清静。

【诗义解说】

前山布满阴云雨丝不断，一股清新气息浮动在荷花塘。有雨润花平添了一种美色，噼噼啪啪雨落叶上一阵繁忙。红色花瓣上挂着水珠像鲛人的眼泪，翠绿荷叶有些沉重泻下了琼浆。寂静的县衙里没有公事，赢得神情清静坐在清冷的床上。

清·章声《折枝花卉图》

章声，生卒年不详。字子鹤，钱塘(今浙江杭州)人。善画山水，笔墨严谨工细，结构气势雄伟。所作雪山大幅，枯木寒林错落有致，崖雪晶莹高洁，意境深远。兼工花鸟，勾染得法，设色明丽。此图绘四季花卉二十多种，用笔工细，设色妍雅，结构严谨，技法娴熟。这里所选为其中的一段。

次韵徐希皋解元送白莲三首之一 [北宋]郭祥正①

吾家新叠小蓬莱②，三尺青天一沼开。
更得城南白莲种，花时留待月光来。

【难点疏通】

①郭祥正：生卒年不详。字功父，自号谢公山人，又号漳南浪士。当涂（今属安徽）人。少有诗名，梅尧臣称赞他是李白后身。举进士后，熙宁年间曾知武冈县，签书保信军节度判官。赞成王安石实行新法，然又为王安石所不满。后通判汀州，知端州，弃官隐居于当涂青山。　②新叠：新砌。

【诗义解说】

我家新砌了一处小小的蓬莱仙境，上露三尺青天修了一个池塘。又得到城南的白莲花种，开花的时候等待皎洁的月光。

清·陈字《闲步边塘图》

陈字(1634～?)，初名儒祯，小名鹿头，字无名，又字名儒，号小莲，陈洪绶子。浙江诸暨人。太学生。善画花卉和人物，亦善书法。画面左上方与右下角湖石伫立，中间开阔地带两仕女随一侍女漫步于庭院，仪态端庄，悠闲温雅。人物服饰线条刻意规整，没有流动感，装饰韵味很浓。

沈谏议召游湖不赴明日得双莲于北山下

[北宋]苏轼①

湖上棠阴手自栽②，问公更得几回来。
水仙亦恐公归去，故遣双莲一夜开③。

【难点疏通】

①苏轼(1037～1101)：北宋文学家、书画家。字子瞻，号东坡居士，眉州眉山（今属四川）人。神宗时曾任祠部员外郎，因反对王安石新法求外职。后以作诗"谤讪朝廷"罪贬黄州。哲宗时任翰林学士、礼部尚书。后贬儋州。北还时病死常州。追谥文忠。与父洵弟辙合称"三苏"。为唐宋八大家之一。其诗清新豪健，词开豪放一派。　②棠：即棠梨，一种落叶乔木。果实叫杜梨。　③遣：让。

【诗义解说】

湖边上的棠梨是我亲手所栽，请问您什么时候能够回来？水中仙子也担心先生回去，所以让两朵莲花一夜都开。

清·查士标《湖乡清夏图》

查士标(1655～1698)，字二瞻，号梅壑散人、懒老。新安（今安徽歙县）人。明末诸生，无心功名。工诗文、书画，风格俊逸萧散。擅山水，笔墨纵横，粗犷豪逸，笔法荒率，墨色浓淡干湿互用，秀润高华，生峭劲利，画风枯寂生僻。在当时颇负盛名，为海阳四家之一。图绘山坡丘陵间湖水绵延，草木葱茏，荷花点点，村舍小桥掩映。有人在草亭中悠闲地观荷纳凉，十分惬意。用笔圆润凝重，画境温润清新。

梁山泊见荷花忆吴兴五绝之二 [北宋]苏辙①

终日舟行花尚多，清香无奈着人何。
更须月出波光净，卧听渔家荡桨歌。

【难点疏通】

①苏辙(1039～1112)：字子由，眉山(今属四川省眉山县)人，晚年自号颍滨遗老。苏轼之弟，人称“小苏”。散文以策论见长，自成一家。与父苏洵、兄苏轼合称“三苏”，均在“唐宋八大家”之列。

【诗义解说】

整天划着船荷花开得很多，清香扑上身来真是无可奈何。还需要月亮出来波光平静，卧在船上听渔家划着桨唱着歌。

清·谢荪《荷花图》

谢荪，生卒年未详，字缃酉，又字天令，常住南京。擅长画山水、花卉，与龚贤、樊圻齐名，为“金陵八家”之一。图中一朵硕大的荷花被荷叶掩去一半，与残叶、水草簇拥在一起，相互依存，生动自然。细笔勾花瓣染粉色，黄色点蕊，配以深绿叶片，恰如艳影出清漪，鲜美明快。

游李少师园十题·莲池 [北宋]范祖禹[1]

藻荇遍回塘[2]，芙蕖出清水。
红灯迭照映[3]，翠盖相磨倚。

【难点疏通】

①范祖禹(1041～1098)：字淳甫，一字梦得，成都华阳（今四川成都）人。仁宗嘉祐八年(1063)进士。初仕资州龙水令，后从司马光编修《资治通鉴》。历任秘书省正字、著作佐郎、右谏议大夫、国史院修撰、礼部侍郎等。后以元祐党籍连贬武安军节度副使、昭州别驾等。　②回塘：曲折的池岸。　③红灯：指红色荷花。

【诗义解说】

池塘里布满了水藻荇菜，荷花从清清的水中长出。像灯笼一样的红荷相互映照，翠绿的荷叶相互摩擦依靠。

清·朱耷《杂画册·荷鹭》

朱耷（约1626～1705），江西南昌人，明末清初画家、书法家。用过个山、个山驴、驴屋、道朗等号，后入青云谱为道。擅花鸟山水，笔墨简朴豪放、苍劲率意、淋漓酣畅，构图疏简奇险，风格雄奇朴茂。清初画坛“四僧”之一。此册共六开，此所选为荷鹭一开。两枝荷叶一上一下呈八字形展开，荷叶上落着一只白鹭。荷叶用墨渲染，白鹭用笔硬拙，个性十分鲜明。

采莲

[北宋]秦观①

若耶溪边天气秋②，采莲女儿溪岸头。
笑隔荷花共人语，烟波渺渺荡轻舟。
数声水调红娇晚③，棹转舟回笑人远。
肠断谁家游冶郎④，尽日踟蹰临柳岸。

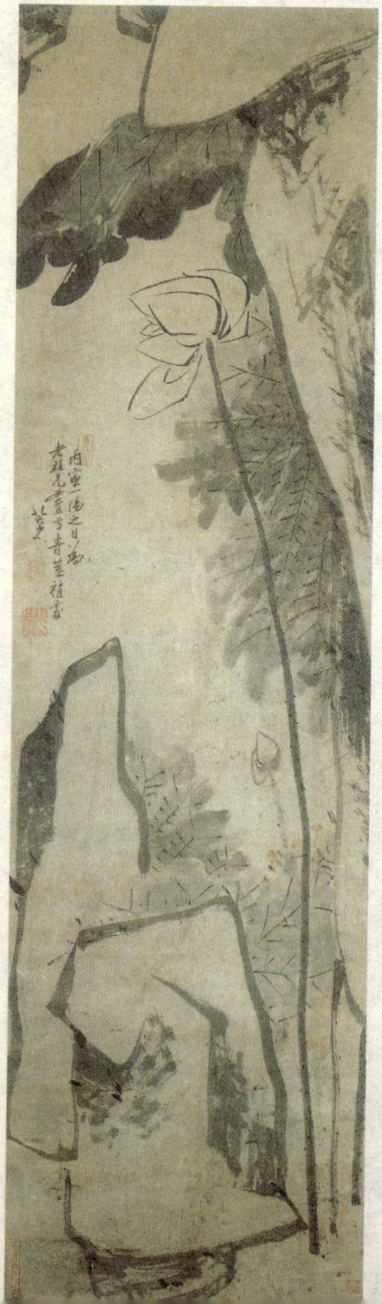

【难点疏通】

①秦观(1049～1100)：字少游，一字太虚，号淮海居士，别号邗沟居士，“苏门四学士”之一。扬州高邮（今属江苏）人。北宋文学家、词人。②若耶溪：今名平水江，流经绍兴境内的一条溪流。历史上若耶溪曾流传着诸多的神话传说，如禹得天书、欧冶铸剑、西施采莲、秦皇望海等。 ③水调：曲调名。传说隋炀帝杨广开凿大运河曾做《水调》，后发展为宫廷大曲。红娇：穿红色衣服的采莲女。 ④游冶郎：风流少年。

【诗义解说】

若耶溪边已经到了秋天，采莲女孩都在溪水的岸边。隔着荷花与人说说笑笑，在烟波浩渺的湖上摇着小船。天色已晚采莲女唱起了水调歌，掉转船头回头一笑人已经走了很远。那是谁家的少年肝肠欲断，整天徘徊在长着垂柳的河岸。

清·朱耷《荷石图》

此图以冷峭简练的笔墨描绘兀立的山石，石间生长着荷花，荷叶或浓或淡，花朵有盛开有欲开，色墨混合，画面丰富饱满。构图险怪，山石方硬，造型夸张，表现了作者孤愤的心境与坚韧的性格。

池上 [北宋]邹浩①

荷花荷叶满池塘，
柄柄摇风作晚凉。
忽忆新开湖里过，
绕船终日送清香。

【难点疏通】

①邹浩(1060～1111)：字志完，晋陵（今江苏常州）人。元丰年间进士，调扬州颍昌府教授。哲宗时为右正言，累上疏言事。章惇独相用事，邹浩揭露他的不忠行为，因被削官，羁管新州。徽宗时复为右正言，累迁兵部侍郎，两谪岭表，复直龙图阁。学者称“道乡先生”。

【诗义解说】

池塘里长满了荷花与荷叶，每枝荷叶都在风中摇动晚上一阵清凉。忽然想起从新开的湖里走过，整天绕着小船送来缕缕清香。

清·朱耷《书画册·荷花小鸟》

此画册共十六开，绘图七开，书法九开。这里所选为荷花小鸟一开。此图用笔简练，从上垂下两枝荷叶，与站立在岩石上的小鸟相互呼应，构成水池与岸地的宽阔空间。小鸟表情安详，荷叶纯用墨染，造型传神，并带有抽象意味。

荷花 [北宋]赵鼎臣①

娇红娅姹不胜姿②，
只许行人半面窥。
恰似姑苏明月夜，
水晶宫殿锁西施。

【难点疏通】

①赵鼎臣(1068～?)：字承之，自号苇溪翁，韦城（今河南滑县东南）人。哲宗元祐六年(1091)进士，调真定府户曹参军，以亲老不赴。绍圣中复举宏词科，曾官越州。李邦直帅真定，辟为僚属。徽宗政和八年(1118)官度支员外郎，宣和三年(1121)出知邓州。未几召为太府卿。 ②娅姹(yà chà)：形容娇娆多姿。不胜：受不住，承担不了。

【诗义解说】

好像难以承受那种鲜红妖娆的美姿，只允许行人看见花的一半。正如同姑苏城明亮的月下，水晶宫殿把西施锁在里面。

清·朱耷《山水花鸟图册·荷花》

此图册共八开，这里所选为荷花一开。图从右下角伸出一枝荷叶和一枝花苞，又从左下角伸出一枝荷叶，伸向右侧，与另两枝相接。左上角用浓淡不同的墨色染出荷叶，像密布翻滚的乌云，“乌云”中有一枝盛开的荷花。构图奇特，水墨淋漓，发人深思。

游湖晚归 [南宋]朱淑真[1]

恋恋西湖景，山头带夕阳。
归禽翻竹露，落果响芹塘[2]。
叶倚风中静，鱼游水底凉。
半亭明月色，荷气恼人香。

【难点疏通】

①朱淑真：生卒年不详，南宋女诗人兼词人。杭州人。世居桃村，自号幽栖居士。出身仕宦之家，“幼警慧”“善读书”。但受父母之命、媒妁之言嫁给一个市井商人为妻。婚后与丈夫没有共同语言，精神生活十分贫乏，苦闷而死。工书善画。 ②芹塘：长着水芹的池塘。

【诗义解说】

最让人留恋的是西湖的景色，山头上带着一抹夕阳。归来的禽鸟碰落了竹上的露水，落下的果子听到了池塘里的声响。荷叶相互倚靠在风中很是安静，鱼游水底带来一片清凉。月亮升起一半亭子洒上了月光，荷花传来阵阵恼人的芳香。

清·朱耷《山水花鸟图册·荷》

此图根据杜甫的诗句“深江净绮罗”立意。画面简单，从右侧中部伸出一枝荷花，飘逸而潇洒。另有几朵荷花在荷叶的衬托下居于画面的右中部，下方无根，悬在空中，其他均为大面积空白。墨染荷叶，细笔勾花瓣，荷梗用枯笔疾走。简洁而富有深意。

采莲曲

[南宋]陆游[①]

采莲吴姝巧笑倩[②]，小舟点破烟波面。
双头折得欲有赠[③]，重重叶盖羞人见。
女伴相邀拾翠羽，归棹如飞那可许。
倾鬟障袖不应人，遥指石帆山下雨[④]。

【难点疏通】

①陆游(1125～1210)：南宋诗人，字务观，号放翁，浙江绍兴人。一生著作丰富，有《剑南诗稿》《渭南文集》等，存诗九千多首，是我国存诗最多的诗人，生前即有“小李白”之称。不仅是南宋一代诗坛领袖，而且在中国文学史上地位崇高，是伟大的爱国诗人。　②吴姝：吴地美女。巧笑倩：笑得好看。出自《诗经·卫风·硕人》：“巧笑倩兮，美目盼兮。”　③双头：指并蒂莲。　④石帆山：山名，在今浙江绍兴。

【诗义解说】

采莲的美女笑得多么好看，小船划破了平静的水面。折了一枝并蒂莲想要赠给谁，却用重重的荷叶挡着怕让人看见。女伴相邀去拾翠鸟的羽毛，可是归去的船像飞一样哪有时间。发髻倾斜用袖遮住不跟人说话，远远地指着石帆山正雨点连绵。

清·朱耷《水木清华图》

图的右侧有一角山石，山石后部有几朵荷花，左侧的几株荷叶与荷花与山石相呼应。荷花或点或勾或写，线条凝重圆浑，笔墨简括多变，极具情调，给人一种秋荷满塘、鲜花盛开、清风徐拂、香飘幽远的境界。

采莲三首之一

[南宋]范成大[1]

溪头风迅怯单衣[2]，两桨凌波去似飞。
折得萍花双叶子，绿鬓撩乱带香归[3]。

【难点疏通】

①范成大(1126～1193)，字致能，号石湖居士，吴郡（苏州）人。曾做过两个月的参知政事（副宰相），作为使节到金朝谈判国事，抗争不屈，几乎被杀。淳熙九年(1183)退隐故乡石湖。田园诗很有特色，是宋诗中的优秀篇章。 ②风迅：风大。 ③绿鬓：乌黑发亮的发髻。

【诗义解说】

溪边风大怕的是衣服过于单薄，两只船桨在波浪上摆动像飞一样回去。折得带着两个叶的萍花，黑亮头发一片零乱还带着荷花的香气。

清·朱耷《杂画册·荷》

此画册共十二开，分别绘水仙、荷花、芙蓉、菊花、松树、鹌鹑、秀石等，这里所选为荷花一开。一枝荷梗挺立，撑起大片荷叶与花朵，荷叶有浓有淡，拉开了空间距离。构图险怪却耐人寻味，墨色浓淡互破，墨色氤氲，千变万化。

晓出净慈寺送林子方①

[南宋]杨万里②

毕竟西湖六月中③，
风光不与四时同。
接天莲叶无穷碧，
映日荷花别样红④。

【难点疏通】

①净慈寺：在杭州南屏山慧日峰下，五代时吴越国钱弘俶为高僧永明禅师而建，原名永明禅院，南宋时改称净慈寺。因为寺内钟声宏亮，“南屏晚钟”成为“西湖十景”之一。 ②杨万里(1127～1206)：字廷秀，号诚斋，吉州吉水（今属江西）人。曾任太常博士、尚书左司郎中、秘书监等。主张抗金，正直敢言。宁宗时因奸相专权辞官居家，忧愤而死。诗与尤袤、范成大、陆游齐名，称“南宋四家”。构思新巧，语言通俗明畅，自成一家，时称“诚斋体”。 ③毕竟：到底。 ④别样：宋代俗语，特别的。

【诗义解说】

到底是西湖六月天的景色，风光与其他季节完全不同。莲叶远到天边望不尽一片碧绿，阳光照耀下的荷花分外艳丽鲜红。

清·朱耷《荷鸭图》

此图构图奇巧，几枝荷梗几经弯曲向上伸展，宽大的荷叶与巨石相呼应，上重下轻，给人一种不稳定的感觉。荷叶用泼墨大写意法，墨色酣畅。荷梗的长线条一笔呵成，极见书法筋骨内含的功力。鸭子形象略作变形，缩颈静观，似在思考着什么。

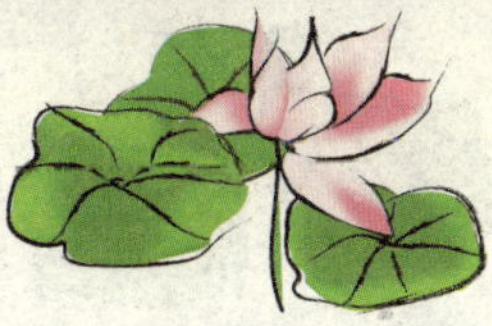

小池 [南宋]杨万里

泉眼无声惜细流①，
树阴照水爱晴柔②。
小荷才露尖尖角，
早有蜻蜓立上头。

【难点疏通】

①惜：珍惜。　②晴柔：晴天里柔嫩的枝条。

【诗义解说】

泉眼没有声音珍惜的是细细的水流，树枝倒映在水里喜欢枝条的轻柔。小荷刚刚露出一个尖角，早有一只蜻蜓落在上头。

清·朱耷《河上花》

此长卷可分两部分，前部分以荷花为主，后部分绘岩石兰竹、坡石流泉。卷首所绘荷花，疏疏落落，荷茎横斜，荷花或含苞或怒放，姿态各异，生机勃勃。全卷起伏跌宕，浑然一体，犹如一首动人的乐章。所绘荷花，笔墨交叠，浓淡互破，清气满纸。荷花用笔清圆，荷茎以中锋写出，笔力内蕴，如绵里裹铁，是八大山人的传世杰作。

晓坐荷桥三首之二 [南宋]杨万里

碧玉山边白鸟鸣①，
绿杨风里翠荷声。
草花踏碎教人惜，
为勒芒鞋款款行②。

【难点疏通】

①白鸟：指鹭鸶一类的水鸟。 ②勒：系好。芒鞋：草鞋。

【诗义解说】

碧玉一样的山脚下鹭鸶在叫，风吹绿杨传来翠荷的声音。踏碎了草丛中的花朵让人可惜，我系好草鞋小心翼翼慢慢地前行。

清·朱耷《杂画册·荷花》

此册共十四开，图十开，书法四开。图分别绘菊花、小鸟、荷花、白头翁、水仙、兰花、柳岸小鸟、八哥、枝上小鸟、萱草等，这里选的是荷花一开。图绘两枝将要枯萎的荷叶，荷茎将折未折，一枝荷花也被枯萎的荷叶压得弯了下来。虽然寥寥几笔，却把秋天萧条冷落的情境表现了出来。

次吕季克东堂爱莲咏 [南宋]朱熹[1]

闻道移根玉井旁[2]，开花十丈是寻常。
月明露冷无人见，独为先生引兴长。

【难点疏通】

①朱熹(1130～1202)：南宋著名理学家、思想家、哲学家、教育家、文学家。字元晦，号晦庵，别号紫阳，祖籍徽州婺源（今属江西）。历仕高宗、孝宗、光宗、宁宗四朝，曾任知南康、提典江西刑狱公事、侍讲等职。韩侂胄擅权，被革职回家。庆元六年(1200)病逝，谥文。　②玉井：在西岳华山。古代传说华山峰顶玉井产白莲。唐代韩愈《古意》诗：“太华峰头玉井莲，开花十丈藕如船。”

【诗义解说】

听说藕根是从华山的玉井移来，开出十丈的花那很平常。月光皎洁露水寒冷没有人看见，独为先生引出诗兴写下精美的诗行。

清·朱耷《花卉图册·荷花》

此图册共十开，分别绘辛夷、芙蓉、牡丹、荷花、桃花、玉簪、兰花、石癣、藤月等，这里所选为荷花一开。画面集中在左侧，荷叶墨色浓淡不等，以表现其向背远近距离。从荷叶中伸出一枝莲蓬，因莲蓬刚刚形成，故头上扁平如盘。全图墨色酣畅，布局平稳，颇见写实功力。

荷花

[南宋]刘宰①

水边舟子竞招招②，陌上车尘晚更嚣③。
只有幽人无个事④，荷花深处弄轻桡。

【难点疏通】

①刘宰(1166～1239)：字平国，自号漫塘病叟，金坛（今属江苏）人。光宗绍熙元年(1190)进士，调江宁尉。历真州司法参军，知泰兴县、浙东仓使干官。以不乐韩侂胄用兵，遂引退，屏居云茅山漫塘三十年，于书无所不读。其间虽一再征召，皆不就。死后朝廷嘉其节，谥文清。为文淳古质直。②招招：相互打招呼。《诗·邶风·匏有苦叶》：“招招舟子，人涉卬否。”郑玄笺：“舟人之子号召当渡者。”③嚣：吵闹。　④无个事：没有什么事。

【诗义解说】

水边划船的人相互打着招呼，路上扬起灰尘到了晚上更加吵闹。只有隐居的人没有什么事情，划着小船进到荷花深处躲避吵闹。

清·朱耷《荷石图》

此图池边一角山坡，坡下满池莲荷。一枝无可依凭的白莲从荷叶里挺出，十分显眼，卓尔不群，超迈脱俗，温雅沉雄。以籀篆之笔写荷茎、行草之笔作花瓣，极富韵律感。在用墨上，泼墨、焦墨、破墨并用，把荷叶的老嫩枯荣、俯仰欹侧表现得生动洒脱。

荷花 [南宋]林景熙[1]

净根元不竞芳菲，
万柄亭亭出碧漪[2]。
乘露醉肌浑欲洗[3]，
无风清气自相吹。

【难点疏通】

①林景熙(1242～1310)：字德阳，号霁山。温州平阳(今属浙江)人。南宋末期爱国诗人。咸淳七年(1271)进士，历任泉州教授、礼部架阁，进阶从政郎，宋亡后不仕，隐居于平阳白石巷。是宋元之际诗坛上创作成绩卓著、最富代表性的作家。　②碧漪：清澈的水波。　③醉肌：红色荷花像喝醉后皮肤变红。

【诗义解说】

洁净的藕根本来不与其他花卉争夺芬芳，成片的荷叶从清澈的水中长出。露水落在红色花朵上像洗了一样，没有风清香的气息也会吹拂。

清·朱耷《荷花水鸟图》

图绘池塘一角，一怪石屹立于水中，上大下小，有一种不安全感。石上落着一只小鸟，缩颈拱背，单足支撑，似乎在准备山石一旦倒下，它好及时飞起。石边荷花枝干瘦长，顶端花叶丛生，花蕾待放，一枝沉重的荷叶垂向水鸟，给小鸟造成一种压迫感。荷石水鸟造型夸张，寓意深刻，构图奇险，笔法凝重。

荷花

[南宋]江万里[①]

结亭临水似舟中，夜雨潇潇乱打篷。
荷叶晓看元不湿，却疑误听五更风。

【难点疏通】

①江万里(1198～1275)：字子远，号古心，因居住庐山，又被门人称为庐山公。死后谥号文忠。江西都昌人。五岁进私塾读书。稍长即从父学习朱熹的学说，精研《周易》。入太学后发愤苦读。宝庆二年(1226)进士，绍定四年(1231)任池州教授，步入仕途，继任同知枢密院事，参知政事，因得罪贾似道被罢官，出知潭州、湖南安抚大使。两年后，在元军进攻饶州城时赴水死难。

【诗义解说】

亭子建在水边人就好像在船中，夜晚一阵雨来噼噼啪啪打在篷顶。早晨起来一看荷叶一点儿也没有湿，怀疑错听了五更的风声。

清·王翚《小中现大图册》

王翚(1632～1717)，字石谷，号耕烟散人、剑门樵客、乌目山人、清晖老人等。江苏常熟人。有“清初画圣”之称。与王时敏、王鉴、王原祁并称“四王”，加上吴历、恽寿平合称“清初六家”或“四王吴恽”。其画笔墨功底深厚，长于摹古，几可乱真，但又能不为成法所囿，部分作品富有写生意趣，构图多变，勾勒皴擦渲染得法，格调明快。其画在清代极负盛名，追随者甚众。因他为常熟人，常熟有虞山，故后人将其称为“虞山派”。此册共二十一开，分别临摹古代著名画家，这里所选为其中一开。

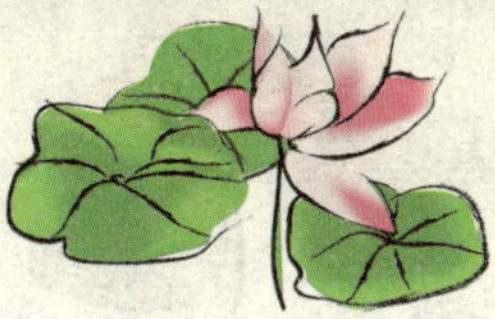

荷花

[南宋]吴菊潭[1]

吴姬一曲采莲歌[2]，回首秋风卷碧波。
翠盖不能擎雨露，鸳鸯应怨夜寒多。

【难点疏通】

①吴菊潭：生平事迹均不详。 ②吴姬：吴地的美女。

【诗义解说】

吴地美女唱着一曲采莲歌，回头看去秋风卷起了层层碧波。翠绿的荷叶阻挡不了雨露，鸳鸯一定在埋怨夜寒太多。

清·上睿《仿古山水图册·荷亭》

上睿(1634～？)，僧人，字静睿、情微，一作浔浚、浔睿，号目存、蒲室子、童心和尚、童心道人、童心行者、卧云人等，吴县（今江苏苏州）人。博学多才，工诗文，与当时的文人墨客结社吟诗。工山水，布置沉稳，气韵冲和。图绘池塘一角，池边有一水榭，坡石上两株柳树，岸边一株，将水榭包围。水榭周围荷叶遍布，鲜花盛开。水榭内一老者袒胸卧于竹席之上，一侍女为其摇扇。青绿设色，水榭用笔工细，人物表情逼真，树叶浓密，但繁而不乱。

荷花

[南宋]虞可斋①

晚来一棹鉴湖东②，队队峰峦入短篷。
一色藕花三十里，淡妆浓抹锦云红。

【难点疏通】

①虞可斋：生平事迹均不详。 ②鉴湖：在今浙江绍兴。

【诗义解说】

晚上划着船来到鉴湖东，一座座山峰映入短小的船篷。清一色的藕花有三十里远，有的浓艳有的清淡像彩霞一片鲜红。

清·杨晋《蔬果图卷》

杨晋(1644～1728)，字子和，一字子鹤，号西亭，自号谷林樵客、鹤道人，又署野鹤，江苏常熟人。山水为王翚入室弟子。晚年每多率笔，未免苍而不润，神气便少。然农村景物颇工，尤长画牛，多写意，夕阳芳草、郊牧之风宛然在目。兼及人物写真，花鸟草虫。此图册绘石榴、枇杷、葡萄、莲藕等果蔬二十余种，不事勾勒，用没骨法写生。这里所选为莲藕一段。

荷花 [南宋]王月浦[1]

雨余无事倚阑干[2]，
媚水荷花粉未干[3]。
十万琼珠天不惜[4]，
绿盘擎出与人看。

【难点疏通】

①王月浦：生平事迹均不详。②雨余：雨停以后。阑干：通“栏杆”。③媚：喜爱。④琼珠：指莲子。

【诗义解说】

雨停之后没有事情倚在栏杆上，喜欢水中的荷花粉还没有干。十万琼珠一样的莲子老天不知道爱惜，绿色荷叶托出来让人们观看。

清·唐艾《红莲图》

唐艾，字子晋，号四士，江苏常州人。生卒年不详，约生活于康熙至雍正时期。工画荷花，与恽寿平齐名，有“唐荷花”之称。此轴绘数枝荷花，亭亭玉立。红荷或盛开，或含苞欲放。荷叶正仰欹斜，相映成趣。枝下塘水清澈见底，水藻飘动，摇曳多姿，一派蓬勃景象。在技法上，红莲用没骨法，其花瓣的染色以白粉带胭脂，由瓣头渐入而成，花蕊用彩笔细勾。荷叶以花青、浅绿作底，复以深色渲染让出叶筋，十分写实。

四望亭观荷花 [南宋]姚勉①

面面湖光面面风，
可人最是白芙蓉②。
分明飞下双双鹭，
才到花边不见踪。

【难点疏通】

①姚勉(1216～1262)：乳名二郎，名勉，字述之、成一，号蜚卿、飞卿，古天德乡（今江西宜丰新庄镇）人。初生时，曾被弃之山野雪地，故其成年后自号“雪坡”以志不忘。少颖悟，稍大，移居丰城龙凤州海觉寺，从江西诗派著名诗人乐雷发习文。淳祐十二年(1252)中举，宝祐元年(1253)进士及第。先后授承事郎、秘书省正字、校书郎、节度判官、太子舍人、沂靖王府教授等。景定三年(1262)授处州通判，因病而未能赴任，当年谢世，年仅四十七岁。 ②可人：使人满意。

【诗义解说】

面面都是湖光面面都有风，最让人喜欢的还是白芙蓉。明显有两只白鹭飞了下来，刚到荷花边上又不见了踪影。

清·唐艾《荷花游鱼图》

图绘荷叶丰富多彩，有的已经苍老，开始折向水面，有的正值盛时，有的十分鲜嫩。花则有盛开，有半开，有未开，有的已结出莲蓬。游鱼水草闲情悠悠。荷花荷叶层层细染，工细而不拘泥，逼真而不失生动。上有作者题诗一首：“风来衣欲舞，露渍粉初匀。试问和谁语，亭亭只可人。”

东湖看荷花呈愿父

[南宋]宋自逊[1]

团团堤路行无极[2]，一株一步杨柳碧。
佳人反复看荷花，自恨鬓边簪不得。

【难点疏通】

①宋自逊：生卒年不详，约宋宁宗庆元末前后在世。本名壶弢，字谦父，又字怡乐，自号万菊居士，又号壶山居士，金华（今属浙江）人，后居南昌。宋亡，耻仕元。文笔高绝，当代名流皆敬爱之。与戴复古尤有交谊。词集名《渔樵笛谱》，不传。　②团团：到处。

【诗义解说】

沿着堤边道路走也走不完，一步一株杨柳都是碧绿的颜色。佳人反复看着水中的荷花，感到可恨的是自己头上无法插得。

清·唐艾《荷花鸳鸯图》

图绘池塘内的荷花十分茂盛，如玉盘般的荷叶迎风摇曳，荷花点缀在荷叶之中，绿叶红花交相辉映。荷茎之下，有两只鸳鸯相互观望，似在絮语。荷叶用深浅不同的颜色表现其正转反侧，荷叶用白粉点染，再染以胭脂，十分淡雅。鸳鸯用笔工细，一丝不苟。

采莲曲

[南宋]何应龙①

采莲时节懒匀妆②，日到波心拨棹忙③。
莫向荷花深处去，荷花深处有鸳鸯。

【难点疏通】

①何应龙：字翔，号橘潭，钱塘（今浙江杭州）人。生平事迹不详，与宋末明初著名格律学家陈允平有交。　②匀妆：化妆。　③波心：水中央。

【诗义解说】

采莲的时节没有时间化妆，每天到了水中央赶紧掉转船的航向。不要向荷花的深处划去，因为那里有双宿的鸳鸯。

清·恽寿平《山水花鸟图册·出水芙蓉》

恽寿平(1633～1690)，初名格，字寿平，以字行，又字正叔，别号南田，一号白云外史、云溪史等。江苏武进人。清代著名画家。创常州画派，为清朝“一代之冠”。与“四王”加吴历并称“清初六大家”。又善诗文和书法，诗被誉为“毗陵六逸之冠”。书法别具一格，被称为“恽体”。此册共十开，山水画四开，花鸟画六开。这里所选为荷花一开。

采莲曲

[南宋]张玉娘[1]

女儿采莲拽画船[2]，船拽水动波摇天。
春风笑隔荷花面，面对荷花更可怜[3]。

【难点疏通】

①张玉娘(1250～1276)：女，宋末文学家，处州松阳（今属浙江丽水）人。字若琼，自号一贞居士，自幼喜好文墨，尤其擅长诗词，当时人曾经将她比作东汉曹大家（班昭）。与李清照、朱淑真、吴淑姬并称宋代四大女词人。　②拽：拖。画船：绘有图案的船。对船的美称。　③可怜：可爱。

【诗义解说】

女孩出去采莲拖着画船，拖着船水波动荡波浪连天。春风里隔着荷花相互嬉笑，脸对着荷花让人更加喜欢。

清·恽寿平《山水花卉图册·蒲塘秋影》

此册共十开，有山水、花卉、鱼藻等，这里所选为蒲塘秋影一开。此图以淡墨为主，描绘了秋天荷塘的景色。田田的荷叶都已枯萎，有的已经破碎不堪，有的已经低下了头，只有莲蓬从败叶中挺出。水草随着水的流动来回摇摆，若隐若现。有三处用了浓墨，把画面点醒。

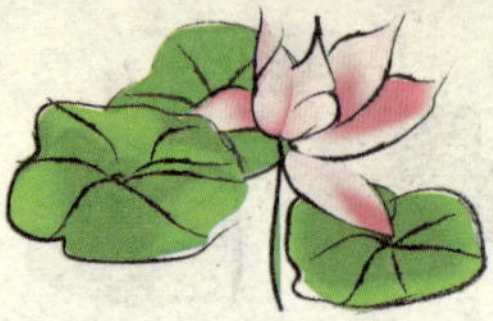

荷花

[金]赵沨[1]

谁开玉鉴泻天光[2]，占断人间六月凉[3]。
日落沙禽犹未散，也知受用藕花香。

【难点疏通】

①赵沨：字文孺，自号黄山，山东东平人。大定二十二年(1182)进士，仕至礼部郎中。性冲淡，学道有所得。尤工书。有《黄山集》行于世。 ②玉鉴：玉制的明镜。这里比喻池塘。 ③占断：全部占有，占尽。

【诗义解说】

是谁打开了玉鉴倒映着天光，才有了人间六月的清凉。太阳落山沙滩上的禽鸟还没有散去，也知道享受藕花的清香。

清·恽寿平《花卉图册·荷花》

此图册共十二开，分别绘桃花、梨花、罂粟、金萱、荷花、牵牛、双凤、桂枝等，这里所选为荷花一开。图绘硕大的荷叶两株，一正面一背面。正面荷叶可见以叶的中心向外放射，背面荷叶可见根根筋脉，但均已显出枯萎的样子，边缘已经开始破损。荷叶中间一朵荷花正在盛开，花瓣鲜艳，花蕊清晰。有几根水草从荷叶中伸出，平添几分荒凉的意味。

池 莲 [金]完颜璹[1]

轻轻姿质淡娟娟[2]，
点缀圆池亦可怜[3]。
数点飞来荷叶雨，
暮香分得小江天。

【难点疏通】

①完颜璹(1172～1232)：本名寿孙，字仲实，一字子瑜，号樗轩老人。金世宗孙，越王完颜永功长子。累封密国公。天兴元年(1232)蒙古军攻金汴梁，被围城中以疾卒，年六十一。博学有俊才，喜为诗。平生诗文甚多，自删其诗存三百首，乐府一百首，号《如庵小稿》。②娟娟：姿态柔美。 ③可怜：可爱。

【诗义解说】

姿态轻盈淡雅而美好，点缀在圆圆的池塘也很好看。天上飞来几点小雨落在荷叶上，到了晚上从江天那里分来一缕香甜。

清·恽寿平《荷花芦草图》

图绘荷塘的一个角落，一朵红荷正在盛开，一枝将要枯萎的荷叶衬在花的下面，一只已经结子的莲蓬把头低在荷花之上，一根直立的芦苇又在莲蓬之上，右下有一束茂盛的水草，虽然已是秋季，但仍不失勃勃生机。画面洒脱自然，设色典雅古淡，相映成趣。

荷叶露 [金]段成己[1]

泉客将归返故渊[2]，
西风渺渺碧波寒。
主人情厚无他赠，
一把真珠泣翠盘。

【难点疏通】

①段成己(1199～1279)：字诚之，号菊轩，绛州稷山（今山西稷山）人。段克己弟。两人同为金正大七年(1230)词赋进士，授宜阳主簿。金亡，成己与兄避居龙门山（今山西河津黄河边）。克己殁后，自龙门山徙居晋宁北郭，闭门读书近四十年。元世祖忽必烈降诏征为平阳府儒学提举，坚拒不赴。　②泉客：即鲛人。南朝梁任昉《述异记》卷上：“鲛人，即泉先也，又名泉客。”

【诗义解说】

鲛人想要返回到她的故乡深海，是因为西风不断吹拂潭水已经寒冷。主人情义深厚没有什么东西相赠，送一把鲛人眼泪变成的珍珠装在翠绿的盘中。

清·恽寿平《荷花图》

此图所绘一叶残荷、数茎水草在秋风中渐现枯黄，只有莲花仍显饱满，昂首向天。荷花色泽丰满，有如婀娜多姿的美人。画面和谐雅净，上有题诗曰：“带露销金粉，蒲塘绿不肥。秋风莫相妒，应护美人衣。”

池荷 [元]黄庚[1]

红藕花多映碧阑[2]，
秋风才起易凋残。
池塘一段荣枯事，
都被沙鸥冷眼看。

【难点疏通】

①黄庚：生卒年不详，字星甫，号天台山人，天台（今属浙江）人。出生宋末。元初“科目不行，始得脱屣场屋，放浪湖海，发平生豪放之气为诗文”。以游幕和教馆为生，曾较长期客越中，与宋遗民林景熙、仇远等多有交往。晚年曾自编其诗为《月屋漫稿》。 ②碧阑：绿色栏杆。

【诗义解说】

红色荷花开得茂盛映照在栏杆上，秋风刚刚吹来就已经凋残。池塘里这一段繁荣枯萎的事情，都被沙滩上的鸥鸟冷眼相看。

清·恽寿平《荷塘竹榭图》

此图绘山石上几竿翠竹迎风挺立，枝叶婆娑。翠竹遮蔽着下方的水榭，围绕水榭，水面上有荷花点点。岸边野草披拂，环境幽雅，充满天机物趣。整个画面松而不散，洒脱流畅，创造了一种可居可游的环境。

荷花

[元]何中[1]

曲沼芙蓉映竹嘉，绿红相倚拥云霞。
生来不得东风力，终作薰风第一花[2]。

【难点疏通】

①何中(1265～1332)：字太虚，抚州乐安（今属江西）人。元初文学家、诗人。南宋末年登进士第，至顺年间为龙兴学师。由于社会动乱，曾隐居乡间，致力古学。藏书万卷，手自校勘。对《易经》《书经》有深入研究，颇受名儒推崇。应聘为南昌东湖、宗濂二书院山长，主讲学术。其诗平易自然，清新幽静，意境深邃。 ②薰风：初夏时的东南风。

【诗义解说】

曲曲折折的荷花池里倒映着茂盛的竹林，绿叶红花相互倚靠就像堆积着云霞。生来就不凭借东风的力量，最终作为夏季风来时的第一枝花。

清·恽寿平《花卉山水图册·荷花》

荷叶占据了主要画面，水墨淋漓，色彩丰富，荷叶的边缘用小混点画出，已现枯萎迹象。叶后若隐若现的半朵荷花，增强了画面的韵律。又用率意之笔，浓墨撇出几株水草，与淡墨荷叶对比鲜明。全图清新雅净，形神俱佳。

月下看白莲

[元]杨公远[1]

十里荷花带月看，花和月色一般般。
只应舞彻霓裳曲[2]，宫女三千下广寒[3]。

【难点疏通】

①杨公远(1228～?)：字叔明，歙县(今安徽歙县)人。宋亡时年十九，入元未仕。据《四库全书总目》：“其诗不出宋末江湖之格，盖一时风尚使然，一邱一壑，亦有佳致。”善画梅。有《野趣有声画》。　②彻：结束，完结。霓裳曲：又名《小霓裳》，原是民间器乐曲牌《玉娥郎》，曲有五段，玉兔东升、银蟾吐彩、皓月当空、嫦娥梭织、玉兔西沉，系根据唐明皇游月宫闻仙乐的传说编成。音调典雅摩丽，有月里嫦娥翩翩起舞的意境。　③广寒：即广寒宫，月中宫殿名。《明皇杂记》记载，唐明皇与申天师中秋夜游月宫，见榜曰广寒清虚之府。

【诗义解说】

十里荷花在月光下观看，花和月光的颜色完全相同。只是到了霓裳曲舞完的时候，就会有三千宫女来自广寒宫。

清·恽寿平《花卉图册·荷花》

在翻转的荷叶前伸出一朵艳丽的荷花，荷叶似乎在有意呵护着荷花，因此荷花显得娇艳而美丽，清新淡雅，秀润可爱。水草从后面穿过，狭长的叶子随风飘动，形成了画面的动感。一枝新荷向右而上，使画面形成对比与平衡，可见作者匠心独运又游刃有余。

莲藕花叶图

[元]吴师道[1]

玉雪窍玲珑[2]，纷披绿映红[3]。
生生无限意，只在苦心中[4]。

【难点疏通】

①吴师道(1283～1344)：字正传，婺州兰溪县（今属江西）人。聪敏善记诵，诗文清丽。十九岁时就致力理学研究。元至治元年(1321)登进士第。授高邮县丞，主持兴筑漕渠以通运。调宁国录事。至元初年任建德县尹。因为官清正，被荐任国子助教，延祐间为国子博士，后再迁奉议大夫。以礼部郎中致仕，终于家。著作有《战国策校注》《易杂说》等。 ②玉雪：指白莲花。玲珑：花开得美丽。 ③纷披：杂乱而散散落落。 ④苦心：莲心略成棒状，顶端绿色，味苦。

【诗义解说】

像玉像雪一样的白莲花开得十分好看，散散落落的绿叶衬托着一片鲜红。生长茂盛并且具有无限情意，只是把痛苦留在自己心中。

清·恽寿平《花卉图册·莲花》

图的底部铺着一片荷叶，为画面奠定了稳定的基础。图的中心位置是一朵将谢的荷花，红色花瓣即将渐渐隐去，突出了花中的蕊部，一个新莲蓬快要形成。一枝成熟的莲蓬昂首向天，炫耀着自己的丰硕成果。几枝水草穿插有致。构图简洁明快，造型生动传神，水与色自然浑成，不经意中得肌理变化的效果。

题冯子震横幅荷花图 [元]柯九思[1]

水殿风生酒力微[2]，三千宫女绿荷衣。
美人应妒花随去，月上瑶阶未肯归[3]。

【难点疏通】

①柯九思(1290～1343)：字敬仲，号丹丘生，别号五云阁吏。浙江仙居（今田市镇柯思岙村）人。幼年从父读书，承家学，能诗善画，墨竹师法文同，为湖州竹派的继承者。天历元年(1328)游学建康，经人引荐结识了怀王图帖睦尔。不久怀王继位称帝（即文宗），被授予典瑞院都事，又被提拔为奎章阁鉴书博士。因朝中官僚的嫉忌和文宗去世，任职奎章阁不到三年，至顺二年(1331)九月即遭弹劾被迫解职。退居吴下，抑郁中度过晚年。 ②酒力微：刚有点儿醉意。 ③瑶阶：玉砌的台阶。亦用为石阶的美称。

【诗义解说】

水边殿阁有风吹来刚有点儿酒意，三千宫女都穿着绿荷彩衣。美人应该感到妒嫉可又随着花而去，月光已经上了台阶仍不肯归去。

清·恽寿平《花鸟图册·荷花》

图的下部绘有两片荷叶，一片已经枯黄，一片仍现浓绿，对比鲜明。荷叶上挺出的荷花，花瓣已经开始凋落，正在把一个莲蓬托出。左下一枝新荷刚露出尖角。虽然已是深秋，但生机仍在，给人以希望。

荷花词次韵周伯温参政

[元]张昱[1]

一种西湖与若邪[2]，鸳鸯宿处便为家。
秋房结得新莲子，便是当时藕上花。

【难点疏通】

①张昱：字光弼，自号一笑居士，庐陵（今江西永丰）人。生卒年不详，约元文宗至顺初前后在世。元末，左丞杨旺扎勒（亦作杨完者）用为参谋军府事。迁左右司员外郎，行枢密院判官。杨旺扎勒死，弃官不出。明太祖征至京师，悯其老，曰："可闲矣！"厚赐遣归。因更号"可闲老人"，徜徉于西湖山水以终。诗风苍莽雄肆，有沉郁悲凉之概。

②若邪：即若耶溪，相传为西施浣纱处。

【诗义解说】

西湖与若耶溪的荷花都一样，有鸳鸯住的地方那就是家。秋天莲房里结出了新的莲子，那就是当时藕上面开的花。

清·恽寿平《花鸟图册·荷塘双鸭》

画面上的水域开阔，把池岸推向下方的一个小角落。水面上漂浮着成片的荷叶，因刚出水面，还看不见荷梗。岸边两只鸭子，一雄一雌，雄鸭半蹲于前作回首状，雌鸭凝视前方，神态安详。岸边一丛芦苇格外茂盛。图用没骨，笔笔到位，环境优雅。

采莲曲

[元]李裕[1]

长歌短棹满前溪，溪上鸳鸯对对飞。
莫向中流荡双桨[2]，水波容易湿人衣。

【难点疏通】

①李裕：字公饶，东阳人，生卒年不详，约元惠宗至元初前后在世。曾被英宗召见，补国子监。登天历(1331)进士。历道州路总管府推官。工诗，有《中行斋集》传世。 ②中流：水中间。

【诗义解说】

小船拥满前溪传来悠长的歌声，溪上的鸳鸯在成双成对地飞翔。不要在中流荡起双桨，溅起的水波容易湿了人家衣裳。

清·恽寿平《山水图册·荷香水榭图》

荷叶刚刚长出水面，红花点点，柳树刚刚泛绿，表现了初春的季节。一榭建于水中，榭中一人正凝视远方。笔墨清雅，设色清秀，似有一股浓浓的早春气息迎面而来。

采莲曲二首之一 [元]杨维桢[1]

东湖采莲叶，西湖采莲花。
一花与一叶，持寄阿侯家[2]。

【难点疏通】

①杨维桢(1296～1370)：元代著名文学家、书画家。字廉夫，号铁崖、铁笛道人，又号铁心道人、铁冠道人、铁龙道人、梅花道人等，晚年自号老铁、抱遗老人、东维子等。会稽（浙江诸暨）人。与陆居仁、钱惟善合称为“元末三高士”。泰定四年(1327)进士。历天台县尹、杭州四务提举、建德路总管推官，元末农民起义爆发，避寓富春江一带，张士诚屡召不赴，后隐居江湖，在松江筑园圃蓬台。 ②阿侯：相传为古代美女莫愁的女儿。 也泛指美女。

【诗义解说】

到东湖采来一些莲叶，到西湖采来一些莲花。把采来的莲花与莲叶，拿来寄到美女阿侯的家。

清·恽寿平《荷花图》

荷叶如盘，连成一片，荷花点缀其间，错落有致。几条游鱼戏于莲叶间，增添了浓郁的生活气息。近实远虚，拉开了空间距离。全图物象饱满，但安排巧妙，前后穿插注重疏密变化。右上角有作者题诗一首：“碎碧风初卷，新红影半含。戏鱼知叶北，游女唱江南。”

采莲曲送王伯循

[元]李孝光[1]

采莲江之南，采莲江之北。
采莲何所有？但采莲中薏[2]。
早闻别离苦当尔[3]，不愿从前作相识。
纵令别离，不复相忆。

【难点疏通】

①李孝光(1285～1350)：字季和，温州乐清(今属浙江)人。少时博学，以文章负名当世。作文取法古人，不趋时尚。与杨维桢并称“杨李”。早年隐居雁荡五峰山下，四方之士远来受学，名誉日广。至正四年(1344)应召为秘书监著作郎，至正七年擢升秘书监丞。②薏：即薏苡。多年生草本植物，颖果卵形，灰白色，像珍珠，可供食用和药用。谐音“意”。 ③当尔：这种程度。

【诗义解说】

有时到江南去采莲花，有时采莲花来到江北。采莲能采到什么东西？采的只是莲中的情意。如果早就听说离别会这样痛苦，还不如当初就不相识。纵使已经别离，也可以不再相互回忆。

清·刘督《荷花图》

刘督，生平事迹不详。据此图款识分析，应是清前期花鸟画家，苏北一带人。图绘饱满肥大的荷叶中，盛开着几朵红荷。荷叶翻转俯仰，似有微风吹拂。荷花有盛开、半开、待开不等。整幅图上红绿相扶，以没骨法绘出，敷色典雅富丽，令人赏心悦目。

采莲曲三首之一

[元]曹文晦[1]

采莲入南浦[2]，欲寄远方书。
不知莲叶下，自有双鲤鱼[3]。

【难点疏通】

①曹文晦：字伯辉，号薪山老人，天台（今属浙江）人，生活在十四世纪前期。少从兄学，颖悟多识，而雅尚萧散。好吟咏，大有情致。鄞邑令许广大聘为儒学教谕，辞不赴。筑室读书，不乐仕进，优游山水。常与明代开国元勋刘伯温以诗唱和，有《薪山稿》。　②南浦：南面的水边。后常称送别之地。《楚辞·九歌·河伯》：“子交手兮东行，送美人兮南浦。”　③双鲤鱼：一语双关，既指莲下的真鲤鱼，也指古代作为“信封”用的两块合在一起的鱼形木板。汉乐府《饮马长城窟行》：“客从远方来，遗我双鲤鱼。呼儿烹鲤鱼，中有尺素书。”

【诗义解说】

采莲进入向南的水边，想要把一封书信寄向远处。却不知道在莲叶的下面，本来就有两条游动的鲤鱼。

清·高其佩《荷花翠鸟图》

高其佩(1672～1734)，字韦之，号且园，又号南村，别号颇多。铁岭(今属辽宁)人。清先世自山东高密迁辽宁铁岭，隶汉军镶黄旗。指头画的创立者。艺术才华出众，能诗工画，所绘亭台楼阁、人物、花鸟、鱼虫等，笔墨精细，设色艳丽，精妙绝伦。此图以水墨写意画翠鸟立于纤细的芦苇枝头，正回首观望。盛开的荷花浮于水面，与背覆于下的荷叶相交，稳定了画面。着墨不多却形神毕现，造型简洁而生动传神。

横塘曲[1] [元]吴克恭[2]

妾家住横塘[3]，绿水映绿杨。
五月南风起，荷花似藕香。

【难点疏通】

①横塘：古堤名。三国吴大帝时于建业（今南京市)南淮水（今秦淮河）南岸修筑。亦为百姓聚居之地。唐崔颢《长干曲》：“君家住何处？妾住在横塘。” ②吴克恭(?～1354)：字寅夫，毗陵（今江苏常州）人。好读书，致力诗与古文。至正年间以从逆伏诛。著有《寅夫集》。 ③妾家：古代女子自称。

【诗义解说】

我家住在横塘的旁边，绿水倒映着绿色的白杨。五月时节南风不断吹来，荷花就像莲藕一样清香。

清·高其佩《花鸟图册·荷花》

此图册共八开，画家以指代笔，以水墨为主，辅以赭石、花青，描绘花木禽鸟的动止各态，自然气息十分浓郁。构图别具匠心，虚实处理得当。这里所选为荷花一开。浓绿的荷叶，盛开的荷花，饱满的莲蓬，加上飞来的蜻蜓，跃跃欲动的青蛙，构成了一幅丰富多彩而又充满生机的画面。

观荷值雨

[元]顾瑛①

湖山堂上看荷花，乱舞红妆万髻丫②。
细雨沾衣凉似水，画船五月客思家。

【难点疏通】

①顾瑛(1310～1369)：一名阿瑛，又名德辉，字仲瑛。昆山（今属江苏）人。家业豪富，筑有玉山草堂，当时远近闻名。轻财好客，广集名士诗人，玉山草堂遂成诗人游宴聚会场所。于其祖茔处为身后修造生圹，名曰金粟冢。不愿做官，常与杨维桢等诗酒唱和，风流豪爽。元朝末年天下纷乱，他尽散家财，削发为在家僧，自称金粟道人。死时已经是明初。　②髻丫：女人头上盘的发髻。这里指欲开的荷花蓓蕾。

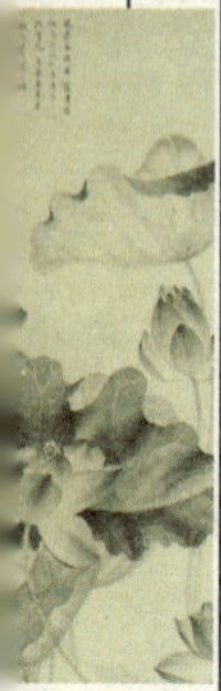

【诗义解说】

在湖山堂上观看荷花，随风乱舞有上万个红色髻丫。细细的雨落在身上比水还凉，五月时节坐在画船上思念自己的家。

清·原济《山水图册·横塘曲水》

原济(1642～约1718)，清初画家，僧人，俗姓朱，名若极，广西全州人。法名原济，一作元济。小字阿长，字石涛，号大涤子等，自称苦瓜和尚。善山水花果兰竹，尤以山水一反时人仿古之风，布局新奇，笔墨雄健纵恣，与弘仁、髡残、朱耷合称“四僧”。此图册共八开，这里所选为横塘曲水一开。远处群山起伏，山下有一庭院，只见围墙上的一个大门。前面一条溪流，水中长着一片荷花，一人正划船归来。画面清淡，行笔方圆相间，遒劲有力。

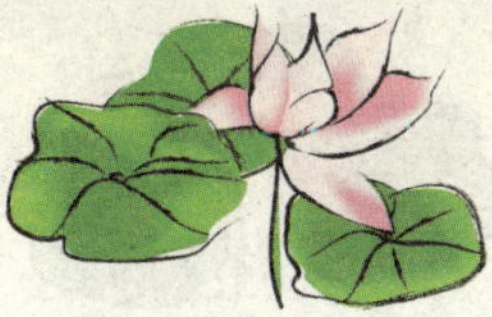

采莲曲

[元]吕诚[1]

采莲落日下双舟，白縠风轻易觉秋[2]。
浅浅溪流齐鹤膝，青青荷叶过人头。

【难点疏通】

①吕诚：字敬夫，东沧（今江苏昆山）人。生卒年不详，约元惠宗至正中前后在世。工吟咏，诗格清丽。与同里郭翼、陆仁、袁华相唱和。尝于园林蓄一鹤，后有鹤自来为伍，因筑来鹤亭，并以名集。所著《来鹤亭诗》凡八卷，补遗一卷。 ②白縠：白色绉纱。此处喻指水面。

【诗义解说】

太阳西下划着双舟前去采莲，微风轻拂水面波光粼粼容易感受到秋的气息。溪水很浅只能埋到鹤的膝盖，青青的荷叶已经高过了人头。

清·原济《荷花图》

图绘一角荷塘，塘中荷叶、荷花、莲蓬、慈姑、蒲草错综杂出，看似零乱，但乱而有致。荷叶纷披，莲花有的盛开，有的含苞，一派生机勃勃。画家用墨的浓与淡，相生相衬相破，使画面极富变化。上有题诗一首：“韩园虽好梵宫荒，歌妓游归恨杳茫。堤外莲花千万朵，不知谁是旧人香。”

和何平子韵 [元]刘永之[1]

碧池万柄青荷叶，相映茅斋水雾深。
满酌君家琥珀酒[2]，时时扶醉过花阴。

【难点疏通】

①刘永之：字仲修，自号山阴道人，清江（今属江西）人。国史召编礼书成，以疾辞归。诗文清丽古雅。工书法，篆、楷、行、草皆有师承。家富有，赊贷施于数郡，独自过着清淡的生活，整天处一室之中以书籍翰墨自娱。 ②琥珀酒：酒的颜色为琥珀色。

【诗义解说】

碧绿的池塘里生长着万柄青色的荷叶，茅草房倒映在水中雾气很浓。满满地斟上一杯琥珀美酒，常常醉后相互搀扶着走过花丛。

清·原济《蒲塘秋影图》

画上绘满塘荷花，荷叶翻俯，莲花盛开，莲蓬饱满，岸柳垂拂，一派生机勃勃。左上角录有作者友人写的《采莲曲》十首。其一云："浦上生绿烟，波底荡红云。勿摇双桂楫，犹恐湿湘裙。"

秋塘曲

[元]郭钰[1]

高荷拥翠秋满塘，花开不见闻花香。
老鱼吹波紫萍碎[2]，花下飞起双鸳鸯。
鸳鸯相逐低回翔，藕丝易断愁思长。
玉筝不弹辘轳悄[3]，一簪华发凝秋霜。

【难点疏通】

①郭钰(1316～?)：字彦章，江西吉水人。元末遭乱，隐居不仕。明初，以茂才征，辞疾不就。为诗多愁苦之音。著有《静思集》十卷。 ②老鱼：大鱼。 ③玉筝：对筝的美称。辘轳：用手动绞车牵引水桶自井中汲水的提水工具。

【诗义解说】

秋天的池塘里高高的荷叶展现一片翠绿，看不见花开却能闻见花香。大鱼吹动波纹紫萍纷纷散开，从花底下飞出了一对鸳鸯。鸳鸯相互追逐贴着水面飞翔，藕丝容易断裂而愁思正长。玉筝不弹也听不见辘轳的响动，一头白发就像凝结的秋霜。

清·原济《爱莲图》

图中所绘为莲塘一角，塘边山石高耸，墨色浑厚润泽，水中一丛荷花十分茂盛，花朵与莲叶俯仰偃侧，各具曼妙之姿。花叶用浓墨勾勒，再敷淡彩，清逸隽秀。左上方录周敦颐《爱莲说》全文，洒脱遒劲，有汉隶之古朴。

画莲

[元]贡性之[1]

吴王宫殿水流香[2]，
步屧廊深暑气凉[3]。
长日香风吹不断[4]，
藕花深处浴鸳鸯。

【难点疏通】

①贡性之：字友初，宣城（今安徽宣城）人。有刚直名，补合省理官。入明不仕，居山阴（今浙江绍兴），改名悦，躬耕自给以终，门人私谥曰“真晦先生”。工诗，善画梅、竹。著有《南湖集》。 ②吴王宫殿：指春秋时期吴王夫差的宫殿。 ③步屧廊：即响屧廊。春秋时吴王宫中的廊名，遗址在今江苏省苏州市西灵岩山。宋范成大《吴郡志·古迹》：“响屧廊，在灵岩山寺。相传吴王令西施步屧，廊虚而响，故名。” ④长日：指夏季的白昼长。

【诗义解说】

吴王宫殿的水里飘着香气，深深的步屧廊暑天也很清凉。白昼时间很长香风不断吹来，藕花深处有一对沐浴的鸳鸯。

清·李寅《唐太宗芙蓉图》

李寅，字白也，号东柯，江都（今江苏扬州）人。擅画山水楼阁及花鸟，画风工细，设色娟妍。作桃花、杨柳称神品。兼工山水，千丘万壑，层出不穷，设色亦娟妍工丽。兼善界画。此用鸟瞰式构图，层次分明，结构准确，随地势的变化将画面安排得严谨自然，突出了建筑的雄伟气势。

咏莲 [元]郑允端[1]

本无尘土气，自在水云乡。
楚楚净如拭[2]，亭亭生妙香。

【难点疏通】

①郑允端：女，出生于元朝末年，书香门第，家居平江（今江苏苏州），父兄以教书为业，在当时很有名气。她自幼受到良好教育，嗜好读书，能诗善文。主张“铲除旧习，脱弃凡近”，有感而发，以警世人。嫁给一位读书人施伯仁，过着平淡而恩爱的生活。

②楚楚：整洁鲜明的样子。

【诗义解说】

本来就没有一点儿尘土的气息，自然生长在有云有水的地方。干干净净就像被擦过一样，亭亭玉立产生一种奇妙的芳香。

清·王云《山水图册·荷花水榭》

王云(1652～?)，字汉藻、清痴、雯庵、竹里，江苏高邮人。善画人物、山水、楼台。康熙年间驰名江淮，曾得到康熙皇帝的特别恩赐。此册共十二开，这里所选为荷净纳凉一开。画面清新自然，用笔严谨细秀，沉着劲练，多用石青石绿，创造了一种生机勃勃的审美效果。

题败荷

[元]王翰[1]

曾向西湖载酒归，香风十里弄晴晖。
芳菲今日凋零尽，却送秋声到客衣。

【难点疏通】

①王翰(1333～1378)：字用文，号友石山人。原籍安徽庐州（今合肥），十六岁时父亲亡故，他便顶替父职，领兵千户镇守庐州。后被推荐到福建任军职，任福州路治中，又升为理问官，兼任永福和罗源县尹。1365年，被擢升为广东省潮州路总管。后调任福建省参知政事。入明不仕。被逼无奈，自刎而死。

【诗义解说】

曾经在西湖载着酒归来，在灿烂的阳光下香风飘出十里远。艳丽的花朵今天已经全部凋零，却送来秋天的声音到了客人的衣间。

清·戴应宏《幽峪荷风图》

戴应宏，生卒年不详，约活动于清中前期。字容孚。江都（今扬州）人，工画山水楼阁，笔墨淹润。作品传世不多。图绘高山峭峰，巍峨壮丽。山下庭院幽深，树木茂盛。庭院左侧的水面上，荷花盛开，有人在赏荷垂钓，环境清爽宜人。山石用淡墨绘出轮廓，然后皴染而成。庭院用界画法，工整逼真。

红莲白藕诗二首之一 [元]丁鹤年[1]

红莲白藕两相宜，
欲采临流意转迟。
莲子纵甜心独苦，
藕芽虽美腹多丝[2]。

【难点疏通】

①丁鹤年(1335～1424)：字永庚，号友鹤山人。回族，武昌人。元末明初著名诗人。出身官宦。自幼聪颖，勤奋好学。十七岁即能精通《诗》《书》《礼》而负盛名。元末明初浪迹江湖，穷困潦倒，以教书、卖药为生。明洪武十二年(1379)，回武昌隐居曾祖父阿老丁墓旁，研究“天方之法”（即伊斯兰教义）。有《丁鹤年集》传世。 ②丝：谐音“思”。

【诗义解说】

红色荷花白色莲藕颜色搭配合理，想要去采到了水中又有些迟疑。莲子即使很甜但心里很苦，藕的芽味道虽美腹内却多丝。

清·袁江《东山别墅图》

袁江(1662～1735)，字文涛，号岫泉。长时间在扬州和江浙一带活动。擅画山水楼阁，功力深厚，所作青绿山水，浑朴有致，将雄伟壮阔的山色与富丽堂皇的楼阁，很好地融为一体，既精细入微，又气势磅礴，有力地提高了界画的表现力，被推为清代界画第一。画面上的东山别墅处于清澈溪流的环抱之中，院内林木蓊蔚。楼阁廊轩分布疏密有致，工整的小桥横跨在溪上，垂柳风姿摇曳，成片的荷花送来阵阵清香。建筑物造型古朴，线条清晰。时有人物活动于楼台之上，活跃了画面的气氛。

红莲白藕诗二首之二 [元]丁鹤年

采莲采藕湖水浔①，阿侬踏歌郎赏音②。
多虚少实如郎意，外甜内苦似侬心。

【难点疏通】

①水浔：水边深处。 ②阿侬：我。采莲女自称。

【诗义解说】

到湖水的深处采摘莲花和莲藕，我随着节拍唱歌郎在静静地听。虚的地方多实的地方少就像郎的情意，外面甘甜内里痛苦就像我的心。

清·袁江《荷净纳凉图》

图绘荷塘上停着一只小船，船上坐着一些文人，他们在欣赏荷花，饮酒赋诗。微风习习，吹拂着满池荷花，荷叶随风摇曳，风姿绰约。一水榭半掩于山石后面。一座小桥横卧水上。远处山峦叠嶂，迂回曲折，乱石嶙峋。全图笔墨苍秀，画风古雅俊爽，耐人寻味。

竹枝词 [元]丁鹤年

水上摘莲青的的[1]，
泥中采藕白纤纤。
却笑同根不同味，
莲心清苦藕芽甜。

【难点疏通】

①的的：明显，鲜明。

【诗义解说】

在水上摘取青青的莲蓬，到淤泥里采摘莲藕白嫩新鲜。可笑的是虽然同根却不同味，莲子心苦藕芽却甘甜。

清·袁江《花卉图卷》

以界画闻名的袁江，偶尔也画花鸟，技法同样高超。这就是他存世不多的花鸟画之一。图绘梅花、牡丹、芍药、荷花、萱草、菊花、松枝等花卉，将四季花卉浓缩于一起，打破了季节界限。全图运笔洒脱，设色艳丽，淡雅清秀。这里选的是荷花一段。

采莲曲四首之三 [明]钱宰①

溪上采莲女，
秋波照晚妆。
心如莲子苦，
情似藕丝长。

【难点疏通】

①钱宰(1299～1394)：字子予，一字伯均，会稽（今浙江绍兴）人。元末明初诗人。元代至正年间中甲科，亲老不赴，教授于乡。洪武二年(1369)以明确规定经征为国子助教，后进为博士，校书翰林，撰功臣诰命。洪武十年(1377)归休。

【诗义解说】

小溪上正在采莲的女孩，秋水映照出她那美丽的晚妆。内心像莲子一般清苦，感情却像藕丝一般绵长。

清·袁耀《山水人物图册·荷净纳凉》

袁耀，生卒年不详，约活动于乾隆中期。字昭道，江都（今江苏扬州）人。袁江之侄，一说从子。工画山水、楼阁、界画，画风工整、华丽。偶作花鸟，亦甚佳。画面上远山迷蒙，参差错落，若隐若现于云雾之中。山下流淌着一条小溪，溪流潺潺，平静无波，溪上有小桥一座。凉亭台榭掩映于竹丛之中，水榭周围布满了茂盛的荷花，一士人正在水榭纳凉。作者用清秀之笔，描绘了一种可居可游的理想环境。亭台楼阁用笔工细，淡墨点染菱荷，竹叶用浓色，颜色搭配合理。

濮川八景诗·荷陵晚风[1]

[明]宋濂[2]

泼翻鸥鸟梦惊飞，细卷波痕滴翠衣[3]。
落日半竿花未睡，采莲人逐钓船归[4]。

【难点疏通】

①濮川：今浙江省桐乡市濮院镇。　②宋濂(1310～1381)：字景濂，号潜溪，别号玄真子、玄真道士、玄真遁叟。浦江（今浙江义乌）人，元末明初文学家，曾被明太祖朱元璋誉为“开国文臣之首”。　③翠衣：指荷叶。　④逐：跟随。

【诗义解说】

掀翻了荷叶惊动了鸥鸟纷纷飞了起来，从荷叶上滴下细细的水流。西下的太阳还有半竿子高，采莲人跟随着钓鱼船往回走。

清·郎世宁《聚瑞图》

郎世宁(1688～1766)，意大利人，原名朱塞佩·伽斯底里奥内，生于米兰，清康熙帝五十四年(1715)作为天主教耶稣会的修道士来中国传教，随即入宫进入如意馆，成为宫廷画家，曾参加圆明园西洋楼的设计工作，历任康、雍、乾三朝，在中国从事绘画达五十多年。图绘荷花、牡丹、莲蓬、荷叶、谷穗等插在一个秀气的花瓶里。用工笔重彩，以强烈的明暗光影表现花瓶、底座以及花草的不同风致，具有极强的真实感与装饰性。

浦口竹枝[1]

[明]袁凯[2]

浦上荷花生紫烟，吴姬酒肆近人船。
更将荷叶包鱼蟹，老死江南不怨天。

【难点疏通】

①浦口：在南京市长江北岸，现为南京市的一个区。 ②袁凯，生卒年不详。明初诗人。字景文，号海叟。松江华亭（今上海市松江县）人。早年好学，曾做《白燕》诗，一座为之惊服，因称“袁白燕”。元末曾为府吏，明初授监察御史，因受朱元璋憎恶，佯装疯癫，得归故里，盘桓山水间，以避监视。

【诗义解说】

浦上的荷花上形成了紫色烟雾，吴家女孩的酒店靠近人们的船。再用荷叶包上鱼和蟹，老死在江南也不怨老天。

清·郎世宁《花鸟图册·荷蝶》

此图册共十开，分别绘菊花、鸡冠花、腊梅、牡丹、荷花等。这里所选为荷花一开。画面集中在左下角，荷叶肥大，花朵红艳，野草披拂。一只蝴蝶落在花上吸吮，另有一只蝴蝶正在飞来。用笔精细，十分写实，强调花卉的明暗和色彩的变化，具有较强的立体感。

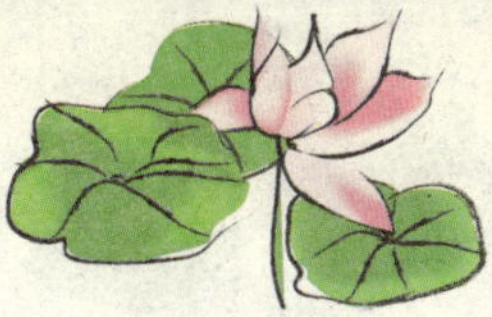

莲塘曲 [明]刘基①

落日下莲塘，轻舟赴晚凉。
偶然花片落，飞出两鸳鸯。

【难点疏通】

①刘基(1311～1375)：字伯温，谥文成。元末明初军事家、政治家及诗人，通经史、晓天文、精兵法。因辅佐朱元璋完成帝业，开创明朝并尽力保持国家安定，因而驰名天下，被后人比作诸葛亮。

【诗义解说】

落日的余光照在莲塘上，驾着小船到荷塘里乘凉。偶然看到花片飞落，从那里飞出两只鸳鸯。

清·姚文瀚《荷宫清夏图》

姚文瀚，生卒年不详，号濯亭，顺天（今北京）人。乾隆时供奉内廷。工道释、人物。此图青绿设色绘楼台、殿阁、荷池、杂树、松柏、垂柳等诸景物，画面开阔，一水中分，远处山峦起伏，近处亭台楼阁历历。画面共有男女老少可视人物四十七位，他们做着观赏、垂钓、乘舟等状，人物刻画细致传神，惟妙惟肖。

采莲歌九首之五 [明]刘基

十五女儿花正开，随群逐伴采花回[1]。
浓妆比似花娇艳，引得黄蜂队队来。

【难点疏通】

①采花：采莲。

【诗义解说】

十五岁的女孩就像一朵盛开的花，跟着大家一起采花回来。浓浓的妆像花朵一样娇艳，吸引着黄蜂一群跟一群飞来。

清·马元驭《琳池鱼藻图》

马元驭(1669～1722)，字扶羲，号栖霞，又号天虞山人，江苏常熟人。赋性落拓，纵酒逞笔，性情豪放。没骨画益工，神韵飞动，不拘陈迹。兴至之作，逸笔尤佳，多用水墨。图绘春江飘浮着落英，一群鲦鱼在水中追逐嬉戏，荡起层层涟漪，水草摇曳不定。小虾和蝌蚪在荇藻与清溪中穿行，几只蜻蜓落在漂动的浮萍之上，安闲自在。池中荷叶玉立，荷花怒放，生机盎然。全图用没骨法，设色淡雅，构思巧妙，意境幽远。这里选的是荷花一段。

荷花 [明]陶安①

绝艳莲花水面浮，
绿云香湿一沙鸥。
何时摘取池中叶，
驾作中流太乙舟②。

【难点疏通】

①陶安(1315～1368)：字主敬，当涂（今属安徽）人。元至正初(1341)举乡试，授明道书院山长。避乱家居。太祖朱元璋渡江，他率父老出迎。太祖与语甚欢，留参幕府，授左司员外郎。洪武初命知制诰，兼修国史。历江西行省参知政事。卒后追谥文宪。学术淳正，尤长于《易经》。　②太乙舟：即太一莲舟，北宋名画家李公麟绘有《太一真人图》，图绘真人卧一大莲叶中，执书仰读。韩驹题诗有“太一真人莲叶舟”句。

【诗义解说】

艳丽无比的荷花浮在水面，绿色荷叶被香气打湿还有一只沙鸥。什么时候摘一把池中的荷叶，驾着太一莲舟驶向水的中流。

清·郑松《荷花图》

郑松，字著岩，长洲（今江苏苏州）人，善画山水。生平事迹不详。图绘荷塘一角。荷叶或舒展，或翻卷，或老或嫩，千姿百态。荷花有盛开，有半开，有含苞欲放，水面上浮萍点点，水草簇簇。全图连工带写，色彩艳丽。

采莲曲 [明]徐贲①

采莲莫采多，采多茎伤手。
手伤有时好，伤我池中藕。

【难点疏通】

①徐贲(1335－1393)：明初画家、诗人。字幼文，祖籍巴蜀（今四川），居毗陵（今江苏常州），后迁平江（今江苏苏州）城北，号北郭生。与张羽避居湖州蜀山（今浙江吴兴）。洪武七年(1374)被荐入朝，九年春奉使晋、冀，授给事中。历任御史、刑部主事、广西参议，官至河南左布政使。洪武十一年(1393)大军征洮、岷，军队过境犒劳失时下狱，以“犒师不周”处死。

【诗义解说】

采莲花不要采得太多，采多了荷茎会伤到手。手伤了过一段时间就会好，却伤了我池中的藕。

清·侯远《荷花水禽图》

侯远，生卒年及生平事迹均不详。图绘荷塘一角，荷叶繁茂，阔大如盘，叶间穿插着朵朵白莲，绿叶白花，相映成趣。岸边站着一对鸳鸯，一正视前方，一回首梳理羽毛。一大片荷叶上落着两只小鸟，还有一只蝴蝶正向荷花飞来。全图用笔工细，用不同颜色表现荷叶的向背，花朵先用白粉，再用胭脂点尖，十分典雅。鸳鸯、蝴蝶形象真实。

折莲子

[明]徐贲

落尽红衣见绿房①，折来犹带水云香。
柔丝零落芳心苦，未及秋风已断肠。

【难点疏通】

①绿房：莲蓬。

【诗义解说】

红色花瓣落尽露出了莲蓬，折下来仍然带着云水的清香。柔弱的花丝零落花心苦涩，还没到秋天就已经断肠。

清·吴应贞《荷花图》

吴应贞，字含玉，江苏吴江（今苏州）人，著名女画家。擅长写生。此图绘荷塘中，田田荷叶衬托着红色荷花，荷花有的已经盛开，有的含苞欲放，有的则已结出了莲蓬。有鱼儿在叶间嬉戏，水草随水波动荡。有蜜蜂闻香而来，嗡嗡之声不绝于耳，动静交融，妙趣横生。设色清丽，有工有写，让人有如临其境之感。

新荷

[明]高启[1]

如盖复如钿[2]，初生雨后天。
叶低浮水上，茎弱袅风前[3]。
乍覆游鱼戏[4]，难藏宿鹭眠。
佳人休便折，留荫采莲船。

【难点疏通】

①高启(1336～1374)：字季迪，号青丘子。吴郡长洲（今江苏苏州）人。力学工诗。家住北郭，与王友等十人号“北郭十才子”。明朝建立，被荐修元史，授翰林国史编修官，累官户部侍郎。善楷书，行、草入妙，诗文皆精。 ②钿：用金翠珠宝等制成的花朵形首饰。 ③袅：柔弱。 ④乍：刚。

【诗义解说】

像一面伞盖又像镶珠宝的花朵形首饰，一场雨过后才长出水面。叶子很低漂浮在水面上，茎干柔弱随风摆动或后或前。叶子刚覆盖水面就有鱼儿游戏，鹭鸶要想在叶底休息很难。美人请不要前来攀折，留着覆盖采莲的船。

清·华嵒《杂画册·水亭赏荷》

华嵒(1682～1762，一作1682～1756)，清代著名画家。字秋岳，一字空尘，号新罗山人、白沙道人等。福建临汀人，侨寓扬州。工诗善画，山水、花鸟、人物皆精，尤以人物见长。善用粗笔、渴笔，所画花鸟、草虫和小动物，形象都自然逼真，活泼生动。此册共十二开，这里所选为“水亭赏荷”一开。图上远山淡抹，沙洲溪流隐现，近景高柳数株，掩映着一处水亭，亭中二人正凭栏观荷，红花点点，水草历历，一童子端茶从桥上走来。在青绿设色中，又用红色勾勒桥栏及水边栏杆，十分醒目。

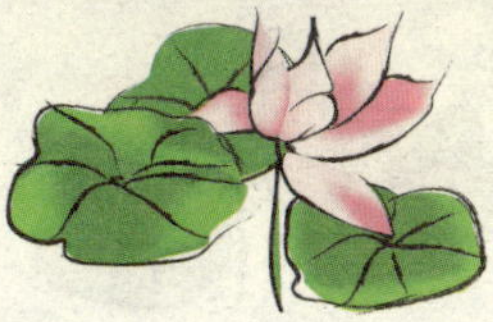

采莲曲三首之一 [元]胡俨[1]

荷叶高低笼水碧，叶下花红露沾湿。
采莲渡头风正急。风正急，棹船归。
云片片，雨霏霏。

【难点疏通】

①胡俨(1360～1443)：字若思。江西南昌人。通晓天文、地理、律历、卜算等，尤对天文纬候学有较深造诣。洪武年间举人。任华亭教谕。成祖即位，以翰林检讨直文渊阁，迁侍讲。永乐二年(1404)累拜国子监祭酒。重修《明太祖实录》《永乐大典》《天下图志》等，皆充总裁官。洪熙年间进太子宾客，仍兼祭酒。后致仕归里。工书画，善诗文，有《颐庵文选》《胡氏杂说》等。

【诗义解说】

荷叶有高有低笼罩着水面，叶下的红花被露水打湿。采莲的渡口风正吹得急。风势很大，掉转船头回去。天上乌云翻滚，小雨淅淅沥沥。

清·华嵒《荷花鸳鸯图》

此图是一幅用没骨法绘写的精心之作。荷花艳丽，荷叶浓绿，鸳鸯神情安闲。白荷中用胭脂点花心，更显俏丽。鸳鸯一卧一立，一将头插在羽毛里休息，一回头观望，神情闲雅。直接用笔勾、点、渍、染荷花与荷叶，笔法柔和，深浅色调过度自然，清秀干净。

荷

[明]朱权[1]

池塘骤雨打新荷，点点如珠似泪多。
纵把金针穿不得，几回搔首奈愁何。

【难点疏通】

①朱权(1378～1448)：明代道教学者、戏曲理论家、剧作家。字臞仙，号涵虚子、丹丘先生，自号南极遐龄老人、大明奇士等。朱元璋第十七子。年十五封于大宁(今属内蒙古赤峰宁城)，称宁王。年二十五改封南昌。与四十三代天师张宇初友善，拜之为师，研习道典，弘扬道教义理。曾于西山缑岭(今属南昌市)创建道观与陵墓，隐逸学道。卒谥献，又称宁献王。

【诗义解说】

一阵急雨落在池塘的荷叶上，珍珠一样的雨点像泪一样多。即使拿着金针也穿不起来，几次挠挠头发也无可奈何。

清·陈撰《花卉图册·荷花》

陈撰(1678～1758)，清朝乾隆年间著名学者、画家、诗人、文学家、收藏家。字楞山，号玉几、玉几山人等。浙江鄞县（今宁波鄞州区）人，曾寓居钱塘（今浙江杭州）。常游走于江淮间，并流寓扬州，遂归为“扬州八怪”画家群体之一员，亦被称为扬州八怪中惟一不以卖书画为生的画家。工诗文，诗如其画，意境高逸。此册共八开，此选荷花一开。画面简单，荷花显露于右下一角，似呈出淤泥而不染之精神。线条飘逸柔韧，勾花准确。

荷

[明]朱权

太液池中翻翠荷[1]，小娃学唱采莲歌[2]。
画船不系垂杨下，尽日随风漾碧波。

【难点疏通】

①太液：古池名。汉代开凿，在今陕西省长安县西。元、明、清时期称北京北海、中海、南海三海为太液池。 ②小娃：小女孩。

【诗义解说】

太液池里翻动着翠绿的荷叶，小女孩正在学着唱采莲歌。画船没有系在垂杨树上，整天随着风漂荡在绿色的水波上。

清·高凤翰《山水纪游戏图册·松亭图》

高凤翰(1683～1749)，又名翰，字西园，号南村，又号南阜，晚号云阜，别号因地、因时、因病等四十多个，晚署南阜左手等。山东胶县城南三里河村人。画家、书法家、篆刻家。山水纵逸不拘于法，纯以气胜。花卉亦奇逸得天趣。嗜砚，收藏至千余，皆自铭，大半手琢。究心篆刻，印宗秦汉，苍古朴茂。晚年右手残废，用左手作画。此图册共十开，这里选的是松亭图一开。峭壁下一座草亭，松树环抱，亭前一方荷塘，塘中荷叶散落，红花点点。树木奇崛，画风纵逸奇肆，设色明快清新。

荷 [明]朱瞻基①

新秋凉露湿荷丛，
不断清香逐晓风。
满目浓华春意在，
晚霞澄锦照芙蓉。

【难点疏通】

①朱瞻基(1398～1435)：即明宣宗皇帝，明仁宗朱高炽长子，永乐九年(1411)立为皇太孙，数度随成祖征讨。洪熙元年(1425)即位，年号宣德，为明朝第五位皇帝。宣德元年(1426)平定汉王朱高煦叛乱，能倾听臣下意见，停止对交阯用兵，与明仁宗并称“仁宣之治”，君臣关系融洽，经济也稳步发展。

【诗义解说】

秋天见到落下清凉的露水打湿了荷花，清香不断随着清晨的风吹送。满眼都是艳丽的花朵保留着春天的意趣，晚霞像满天锦缎照耀在荷丛。

清·高凤翰《雨荷图》

图绘荷塘一角。几枝亭亭玉立的荷花荷叶十分繁茂。叶用泼墨，先画叶脉，再在叶脉间泼墨而成，不勾叶边，用淡墨染背景，在叶边留白形成轮廓线。荷花用赭石加墨勾画而成，淡雅清丽。

采莲曲

[明]张楷[1]

青绫裙子试新裁[2]，水面风吹拂拂开[3]。
舟小身轻波复静，荷花荡里去还来。

【难点疏通】

①张楷(1398～1460)：明代诗文作家。字式之，慈溪（今属浙江）人。永乐二十二年(1424)进士。宣德年间拜监察御史，理冤摘奸，风振朝野。出为陕西按察佥事，迁副使，后任都察院右佥都御史。在福建提督军务时，被人弹劾。因其遍和唐诗，受到许多人的嘲讽。 ②青绫裙子：青颜色的裙子。绫，一种很薄似缎的丝织品。 ③拂拂：风吹动的样子。

【诗义解说】

穿着刚刚做出来的青绫裙子，微风吹动裙子一次次展开。船儿小巧身子轻盈波平浪静，划进荷花荡又从里面回来。

清·边寿民《花卉图卷》

边寿民(1684～1752)，原名维祺，字寿民，后字颐公、渐生、苇间居士等，清代江苏山阳（今淮安）人。以善画芦雁名闻海内。又善以淡墨干笔皴擦小品，更为佳妙。工诗词，精书法。和郑板桥、金农等人齐名。此长卷共绘十种花卉，用笔饱满，造型简洁，下笔沉稳，泼墨奔放恣肆，用笔外拓。这里选的是荷花一段。

采莲曲

[明]丘吉①

细语呼人远不闻②，水光摇荡石榴裙③。
一身肌骨无多重，欲入荷花化彩云。

【难点疏通】

①丘吉：归安（今浙江湖州）人，字大佑，一说字天佑，号执柔。天性澹约，朴素温恭，善古文，尤长于诗，情思飘然，有轻世远俗之志，为吴兴诗人领袖。有《执柔集》。②细语：小声。　③石榴裙：裙子色如石榴之红，不染其他颜色，往往使穿着它的女子俏丽动人。

【诗义解说】

小声叫人因为隔得远而听不见，水光里倒映着所穿的石榴裙。身材瘦小没有多重，进入荷花丛就像变成一片彩云。

清·金农《山水图册·荷花》

金农(1687～763)，字寿门，号冬心、司农等。仁和（今浙江杭州）人，流寓扬州。博学多才，精鉴别，工书法，自创“漆书”，风格在隶楷之间。尤善诗文，造诣悠远，蓄韵幽微。年五十开始绘画，擅山水、人物、花卉。为“扬州八怪”之一。图绘满池荷花，一片碧绿，一条小船露出半边，竹篙插在水中，表明船停靠在荷花边，有人正在观荷。用笔洒脱，意境开阔。

盆池栽莲至秋始花二首之一 [明]陈宪章[1]

栽种已后时，花发秋将迟。
虽无女伴采，亦有山蜂知。
叶稀因地力，香远是天资。
安得三闾手[2]，临轩赋楚辞。

【难点疏通】

①陈宪章：名录，字宪章，以字行，号如隐居士。生卒年不详。广东人。因居濒临西江入海的江门处的白沙村，故明清学者称其为“白沙先生”。善墨梅、松、竹、兰蕙等，笔意儒雅。早年潜心科举，信奉程朱学派。十九岁进县学读书，二十七岁时师事著名的江西学者吴与弼，半年后回家闭门读书。年三十八重游太学，受到京师祭酒邢让的推崇，被誉为“真儒复出”。朝廷屡荐不起，以讲学为务，逍遥于自然之间。　②三闾：指屈原。因曾任过三闾大夫，故称。

【诗义解说】

栽种的时候已经晚了，到了秋天开花也向后推迟。虽然没有女伴来采，也会被山里的蜜蜂得知。叶子稀少是因为地力不好，香气飘远是其本性所致。怎么样才能像屈原那样，在窗前写下一首动人的楚辞。

清·金农《人物山水图册·观荷》

此册共十二开，这里所选为观荷一开。图绘满塘荷花，岸边一带游廊，廊中有人正在观荷。荷叶用卧笔横点，或淡或浓，以示变化。叶间用朱砂点缀荷花，游廊用笔细腻，人物只绘背影，但专注之态毕现。上有作者自度一曲：“荷花开了，银塘悄悄，新凉早，碧翅蜻蜓多少。六六水窗通，扇底微风，记得那人同坐，纤手剥莲蓬。”

采莲词二首之一 [明]木公[①]

石榴裙卷足如霜，折得红莲满抱香。
羞向人前女儿貌，手遮西日看湖湘。

【难点疏通】

①木公(1495～1553)：明代纳西族作家。字公恕卿，号雪山。其先祖木雪授中顺大夫、丽江知府（土司），嘉靖六年(1527)，木公袭职。时人称赞其为将“有勇知方”，为文“机敏性察”。入仕前居玉龙雪山南侧五亩园苦吟，袭职后仍不废创作。著有《雪山始音》《隐园春兴》《庚子稿》《万松吟卷》《玉湖游录》《仙楼琼华》等六部诗集。

【诗义解说】

卷起石榴裙露出了雪白的脚丫，折得红色莲花满怀飘香。不好意思向人展示自己女孩的容貌，用手遮着西下的阳光看着湖波荡漾。

清·金农《杂画册·荷亭午睡》

此为杂画册中的一开。构图新颖别致，一草亭居于水中央，亭中一床，床上有人高卧。亭子周围满布荷花，岸上两排翠竹夹着一条小路通向远方。草亭用笔精细，荷叶用石青随意点染，竹干用淡墨，竹叶用墨笔撇出。上有题款：“风来四面卧当中”正合其意。

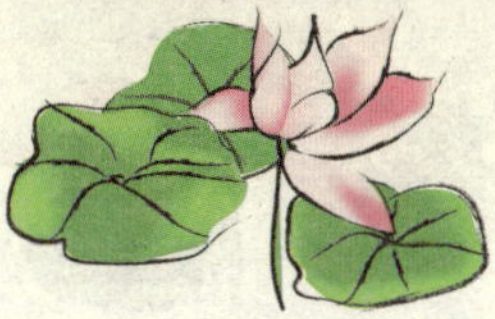

采莲词二首之二 [明]木公

弱袂长鬟荡水中①，
钏文钗影入荷丛。
鸣榔惊起韩朋鸟②，
一个西来一个东。

【难点疏通】

①弱袂：柔软的衣袖。长鬟：长长的发髻。 ②榔：渔人系在船舷上敲击以驱鱼入网的长木棒。韩朋鸟：即鸳鸯鸟。相传先秦时期的韩朋（一作韩凭）夫妇死后，就化作鸳鸯鸟。

【诗义解说】

柔软的衣袖长长的发髻倒映在水中，能够看见手镯上的纹理，头上的钗子进入荷花丛。榔声响起惊动了鸳鸯鸟，一个飞向西一个飞向东。

清·黄慎《花卉图册·残荷》

黄慎(1687～1768)，清代画家。初名盛，字恭寿、恭懋、躬懋、菊壮，号瘿瓢子，别号东海布衣。福建宁化人。工草书。画人物多取神仙故事为题材，间作山水、花鸟，得荒率之致。此册共十二开，这里选的是残荷一开。图绘一枝残荷从右下伸向画面，叶已破败，低垂着头，另有一花在荷叶的衬托下正在盛开。用笔工细，枯叶形态描写清晰并富于变化。

荷花荡绝句 [明]王宠[1]

荷花荡里采莲归，
九龙山头暮霭微[2]。
轻身倚楫下前浦，
花气人香逐浪飞。

【难点疏通】

①王宠(1494～1533)：字履仁、履吉，号雅宜山人，吴县（今江苏苏州）人。为邑诸生，入太学。博学多才，工篆刻，善山水、花鸟。诗文在当时声誉很高，而尤以书名噪一时，书善小楷，行草尤为精妙。 ②九龙山：我国有九龙山多处，此不可确指。

【诗义解说】

从荷花荡里采莲归来，九龙山头天色已暮，飘着淡淡的雾气。身体轻盈倚在桨上漂向前面的岸边，花的气息人的香味随着波浪飘飞。

清·黄慎《莲塘双禽图》

图绘几枝荷花荷叶高挺出水面，大气磅礴，气度不凡，荷下双鸭正在嬉戏。荷叶用大写意绘出，墨色淋漓。花朵以线条寥寥几笔勾出，巧妙留白。野鸭用笔粗放迅疾，却形神兼备。笔墨洒脱老辣，富有节奏感。

题画荷花 [明]陈道复[1]

露湿轻纨波不摇[2]，
珠房云冷细香飘[3]。
也知巧作红妆好，
只恐红消更寂廖。

【难点疏通】

①陈道复：参见第39页图说。 ②轻纨：轻薄洁白的绢衣。 ③珠房：莲蓬。

【诗义解说】

露水打湿了衣裳，水面上没有波浪，气温很低有淡淡的香气在飘。也知道做一件红色的衣服好，只是担心红色消退之后更让人感到寂寥。

清·黄慎《蔬果图》

图上依次绘有两只莲蓬，一朝上，一朝下，随后是一节被削了皮的藕段，在一片切下的藕片上，孔洞历历可见。最后是三只菱角，一只红色，两只绿色，还有一些水草点染在后面。莲蓬和菱角墨色较重，其他则较淡，显出了画面上的层次，看似不经意而为之，却清秀淡雅，笔墨酣畅。

采莲曲

[明]谢榛①

湖上西风吹绮罗，靓妆越女照清波。
折将莲叶佯遮面，棹过前滩笑语多。

【难点疏通】

①谢榛(1495～1575)：字茂秦，号四溟山人、脱屣山人，山东临清人。十六岁时作乐府商调，流传颇广，后折节读书，刻意为歌诗，以声律有闻于时。嘉靖间，挟诗卷游京师，与李攀龙、王世贞等结诗社，为“后七子”之一。后为李攀龙排斥，除名七子之外，以布衣终身。以律诗绝句见长，功力深厚，句响字稳，著有《四溟集》《四溟诗话》等。

【诗义解说】

湖上西风吹起绮罗衣衫，打扮漂亮的越地女子倒映于清波。折下一枝荷叶假装遮住脸面，船过前面沙滩之后笑声增多。

清·黄慎《墨笔荷花图》

此图画面简单，几枝荷梗下不见底，上不见顶，上下均破，以显荷之高大。另用浓墨绘出一枝嫩荷，在画面上十分显眼。花瓣用淡笔绘出，线条简略。荷叶用浓淡不同的墨色渲染，表现出叶的向背，笔简而意深。

采莲曲三首之二 [明]常伦①

棹发千花动，风传一水香。
傍人持并蒂，含笑打鸳鸯。

【难点疏通】

①常伦(1492～1525)：字明卿，号楼居子。其先祖山西曲沃人，后徙居山西沁水。出生官宦人家，五六岁即能诵读诗书，并多才多艺，诗词、文赋皆有成就。正德五年(1510)乡试得亚元，次年举进士，授大理寺右平事。因不拘小节而被贬为外补，从此告病而归。虽然后来又曾做过不长时间的官，但终因与官场不合而弃官，过着隐居生活，直到去世。

【诗义解说】

船行进的时候千朵荷花都在摇动，微风吹来水面上充满了清香。站在人旁边手里拿着一枝并蒂莲，含着微笑打着水里的鸳鸯。

清·罗聘《花卉图册·莲蓬》

罗聘(1733～1799)，字遁夫，号两峰，江苏扬州人，祖籍安徽歙县。金农弟子，“扬州八怪”中最年轻者。工诗善画，笔情古逸，思致渊雅。墨梅、兰竹古趣盎然，道释、人物、山水无不臻妙。此图册共十二开，这里所选为莲蓬一开。图绘一枝荷叶已经残破，一莲蓬饱满充实，可见鼓出的莲子。荷梗用笔勾边，再加点染。荷叶用浓墨勾出叶筋，淡墨染叶，清新淡雅。

西湖采莲曲二首之一 [明]朱阳仲[1]

五月芙蓉浦，花开胜若耶。
若将湖作镜，应照妾如花[2]。

【难点疏通】

①朱阳仲：名不详，以字行。生平事迹均不详。遂宁（今属四川）人。有《青城山人集》。
②妾：采莲女自称。

【诗义解说】

五月长满荷花的水塘，盛开的鲜花胜过了若耶溪。如果把湖面比作一面镜子，应该照得采莲女像花一样美丽。

清·罗聘《山水花卉图册·荷塘》

此册共十开，此选荷塘一开。满池荷叶一片碧绿，荷叶中点缀着点点红荷，岸边一带游廊，廊中一人正在观荷，旁有一僮仆正在为其摇扇。荷叶用笔点染，有浓有淡。红花用笔简略，并有花瓣漂浮水面。用笔粗放而意境全出。

藕花居

[明]陈凤①

十里莲花过眼新，水风犹自起香尘。
明年还约看花侣，来唤湖边雪藕人②。

【难点疏通】

①陈凤(1484～1547)：明代诗文作家。字羽伯，无锡（今属江苏）人。读书隐居，曾月夜挂琴松间，调所训山猿，得诗，拥膝自吟，声与猿啸相应。性好结客。著有《石村诗稿》。与其同时，还有一陈凤，也字羽伯。　②雪藕人：像雪藕一样清丽的采莲女。雪藕，莲藕的一种，因其“色白如雪”而得名。

【诗义解说】

放眼望去十里荷花一片清新，水上有风吹来带着浓郁的香尘。到了明年还约朋友一起来看花，再唤湖边那位雪藕一样清丽的采莲人。

清·李鱓《花鸟图册·百年和合》

李鱓(1686～1762)，清代著名画家，字宗扬，号复堂，别号懊道人、墨磨人等，“扬州八怪”之一，江苏省兴化县（今兴化市）人。工笔画造诣颇深，中年始画风变化，转入粗笔写意，大胆泼辣，挥洒自如，感情充沛，富有气势。其作品对晚清花鸟画有较大影响。此图册共八开，这里所选为百年和合一开。图绘一枝荷叶，一束柏叶，一条鲇鱼，取其谐音为“百年和合”。荷叶用墨笔勾出边缘，再用石绿晕染。鲇鱼头用浓墨，神态毕现，颜色搭配合理。

采莲曲

[明]沈明臣①

荷叶莲枝水面齐，采花归去夕阳低。
绿芜一道分南北②，犹有歌声绕大堤。

【难点疏通】

①沈明臣(1518～1596)：字嘉则，号句章山人，晚号栎社长，鄞县（今浙江宁波）人。平生作诗七千余首，与王叔承、王稚登同称为万历年间三大“布衣诗人”。著有《丰对楼诗选》《越草》《荆溪唱和诗》《吴越游稿》《通州志》等。 ②绿芜：成片的绿色。

【诗义解说】

荷叶与莲枝在水面上齐齐整整，采花归去已经到了夕阳西下的时候。成片的绿色被分成南北两块，在大堤上仍然可以听到动听的歌声。

清·李鱓《花鸟图册·荷鸭图》

图绘三枝荷梗，一枝已经折断，一枝结出莲蓬，一枝花瓣正在脱落、莲蓬正在形成。一只鸭子大概是嗅到了莲蓬的香气，奋力游来，头高仰，对着莲蓬，表情贪婪，可看到一只足正在用力划水。莲蓬的层次，鸭的神态，无不栩栩如生。

荷花 [明]沈明臣

晚凉风度玉池香[1]，
看尽归鸦入建章[2]。
妾貌不如莲样好，
莫将明月比莲塘。

【难点疏通】

①玉池：对池塘的美称。

②建章：汉武帝刘彻于太初元年（前104）建造的宫苑。《三辅黄图》载："周二十余里，千门万户，在未央宫西、长安城外。"武帝为了往来方便，跨城筑有飞阁辇道，可从未央宫直至建章宫。

【诗义解说】

傍晚凉风从池上吹来荷花的芳香，看着归巢的乌鸦都进入了建章。我的容貌不如莲花那样好看，不要把明月拿来比作莲塘。

清·李鱓《荷花图》

画面上几枝荷花，几株野草，临水弄影，像是随着音乐在翩翩起舞。线条中锋尖笔着纸，笔高提，上下推拉，动笔如作草书。画荷叶落墨下笔中锋提顿，破笔左右盘旋，如灰雾蒸涌，若黑云徘徊。又小笔剪花，因其将败，根茎花蕊松散，肥叶不胜娇弱，别有一番滋味。

荷花

[明]许成名①

藕花塘上雨菲菲②，无数莲房着水垂。
羞见鸳鸯交颈卧③，却将荷叶盖头归。

【难点疏通】

①许成名：明朝大臣、学者。生卒年不详，字思仁。山东聊城人。少聪敏。正德六年(1511)进士。嘉靖初升任太常侍卿、国子监祭酒，后任礼部右侍郎。前后为讲官十年，曾纂修《武宗实录》《大明会典》，甚为当时名流学者所推崇。为人纯厚，位高不傲，礼贤下士，亲朋有急难者，尽力相助。著有《龙石集》。　②菲菲：细雨绵绵。　③交颈：颈与颈相互依摩。多为雌雄动物之间的一种亲昵表示。

【诗义解说】

藕花塘上细雨绵绵，无数莲蓬都低到了水面。不好意思看见鸳鸯交颈而卧，把荷叶盖在头上转回家园。

清·李鱓《花卉图册·莲蓬》

此图册共十二开，此选莲蓬一开。图绘用草捆着的一束莲蓬，从莲蓬上可见饱满的莲子，显示出丰收的景象。上有题诗一首：“剥进蜂窝玉蛹藏，海榴殊逊此甘香。不逢采摘多盈把，也置湖天雁鹜粮。”

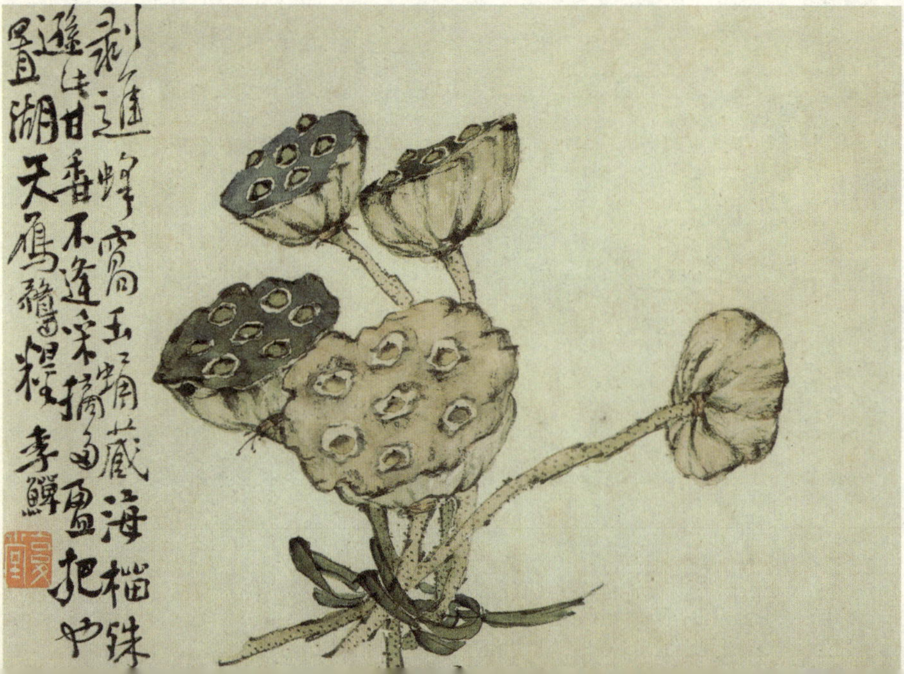

采莲曲 [明]熊卓[1]

采莲复采莲，盈盈水中路[2]。
鸳鸯触叶飞[3]，卸下团团露。

【难点疏通】

①熊卓(1463～1509)：明代诗人。字士选，号东溪。丰城（今属江西）人。弘治九年(1496)进士，知平湖，迁监察御史，又巡抚广东。刘瑾诬以奸党，勒令致仕。卒年四十七岁。著有《熊御史诗选》。 ②盈盈：形容清澈。 ③触：贴着。

【诗义解说】

采莲采莲不停地采莲，在清澈的水中，道路上不停往返。鸳鸯贴着荷叶飞翔，把团团清露碰洒在水面。

清·李鱓《花鸟图册·荷花》

此图取对角线构图方式，中置大片荷叶与荷花，背后衬一株芦苇，稳定中富有变化。荷叶以墨点积染，浓淡过渡微妙自然。淡墨勾勒的荷花不施粉黛，在荷叶的衬托下愈显洁净，熠熠生辉。上有题款云："雨洗净光浮翠盖，日蒸娇影斗红蕖。"

墨荷 [明]徐渭①

荷花如妾叶如郎，
画得花长叶也长。
若使画莲能并蒂，
不须重画两鸳鸯。

【难点疏通】

①徐渭：参见第49页图说。

【诗义解说】

荷花就像我荷叶就像郎，画得花也长叶也长。如果画的莲花能够并蒂，就不需要再画两只鸳鸯。

清·李鱓《相对二君子图》

画上的二君子指竹与荷。数竿翠竹挺立，竹竿用淡墨，留出空白以为竹节，浓墨撇出竹叶。竹下几株荷叶与荷花，卷曲的荷叶挥洒自如，像随优美的音乐而舞动，姿态万千。泼墨酣畅淋漓，在浓涂淡抹中正侧向背，姿态不一。整幅画面尽得天趣。

题画荷花

[明]徐渭

镜湖八百里何长[1]，中有荷花分外香。
蝴蝶正愁飞不过，鸳鸯拍水自双双。

【难点疏通】

①镜湖：在今浙江绍兴市境内。

【诗义解说】

镜湖有八百里，是多么的长，中间生长着荷花格外的香。蝴蝶正在犯愁飞不过去，鸳鸯拍打着水面成对成双。

清·李鱓《杂画册·菱藕图》

此图绘莲藕菱角等“水村佳味”。莲藕两根，一大一小，一用浓墨一用淡墨，菱角三只，两红一绿，右上还有一朵荷花作为陪衬。率意而为，却在平常景物中捕捉到了美的意象，表现出作者那种向往自由、不受拘束的人格精神。

莲花 [明]张祥鸢[1]

日气沉山紫，荷华照水明。
香含风细细，影浸月盈盈。
妃子华清浴[2]，神君洛浦行[3]。
向人娇欲语，解语恐倾城。

【难点疏通】

①张祥鸢：字道卿，别号虚斋，金坛人。生卒年不详，约明神宗万历初前后在世。嘉靖三十八年(1559)进士。官至云南府知府。工诗，多与嘉靖七子相往还。有《华阳洞稿》二十二卷。②妃子华清浴：本指杨贵妃浴华清池，这里指荷花。　③神君洛浦行：此句指洛水女神。洛浦，洛水边。这里也指荷花。

【诗义解说】

太阳沉下山的时候呈现紫色，荷花映在水上十分鲜明。细细的微风带着荷花的香气，月影倒映在清澈的水中。就好像杨贵妃淋浴在清池，又好像洛水女神在洛水边上行。想要向人娇羞地说上句话，又担心有人懂得说的话会倾倒一座城。

清·李鱓《四季花卉图屏·盆荷》

作者发挥奇特的想象，把荷花栽到了一个极普通的泥盆里，进行布局谋篇。荷花直线条的单一布局被花盆的弧线打破，荷花、莲蓬、肥叶相互映衬。作者又不失时机地种上几叶水草，它们都在微风下轻轻摇曳。墨色或浓或淡，组成了一支优美的乐曲。

莲花

[明]张祥鸢

梅雨丝丝草阁凉[1]，匡床玄坐漫焚香[2]。
四檐绿树繁阴合，一卷黄庭白昼长[3]。
细和禽语成乐府，宽裁荷叶制衣裳。
笑看溪水明于玉，新水朝添一尺长。

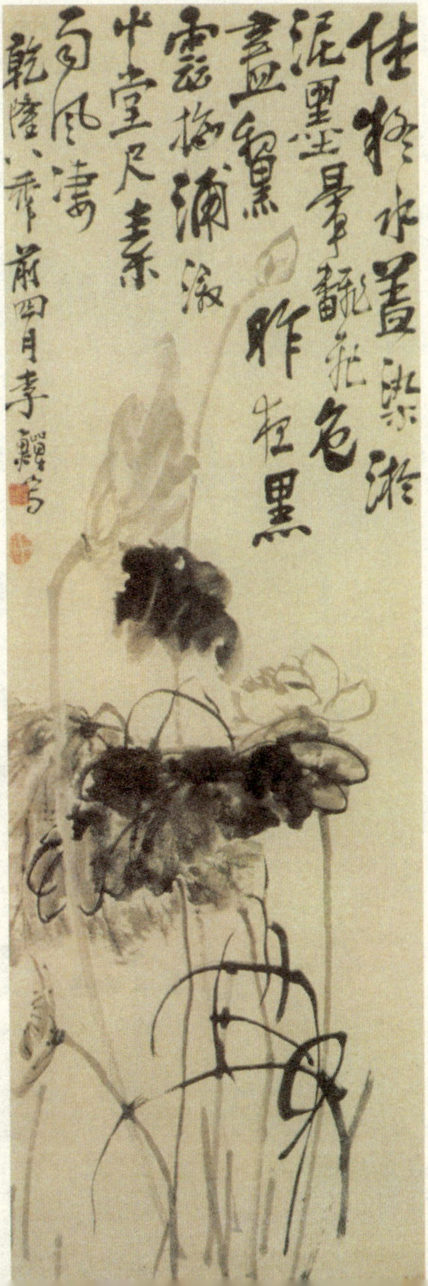

【难点疏通】

①梅雨：指中国长江中下游地区每年六月中下旬至七月上半月之间持续天阴有雨的自然气候现象。由于梅雨发生的时段，正是江南梅子的成熟期，故称这种气候现象为“梅雨”。　②匡床：安适的床。一说方正的床。《商君书·画策》：“人主处匡床之上，听丝竹之声，而天下治。”　③黄庭：即道教经典《黄庭经》。约出于中国魏晋之际，经文分《太上黄庭内景玉经》及《太上黄庭外景玉经》，两书内容大致相同，皆以七言韵文体写成。

【诗义解说】

梅雨丝丝地下个不停草阁变得凉爽，在匡床上端坐随便焚着香。四周绿树环绕形成一片树荫，读着《黄庭经》感到白天很长。小声跟禽鸟说话成了诗篇，宽宽地裁剪荷叶做成了衣裳。高兴地看到溪水洁净如玉，早晨新涨的水足有一尺长。

清·李鱓《墨荷图》

图绘荷花在荷叶中掩映成趣，清妍优美，掺杂其间的苇草遒劲飞动，构图虚实相生，用题字补充上部空白。用笔挥洒自如，用中锋绘荷茎、苇草及荷花的浑圆体质，阔笔扫出墨叶，粗中见细，浓淡干湿、轻重缓急兼用，从中可以看出作者的经营能力。

应试题黄台莲二首之一 [明]申时行①

九疑山下分奇种②，百子房中吐瑞莲③。
朵朵黄云团羽盖④，为迎金母下瑶台⑤。

【难点疏通】

①申时行(1535～1614)：字汝默，号瑶泉，长洲（今江苏苏州）人。嘉靖四十一年(1562)进士，授修撰，历左庶子、掌翰林院事、吏部尚书等，因遣人弹劾，辞官回苏州。卒后加太子太师，谥文定。所著诗文有《赐闲堂集》四十卷。 ②九疑山：又名苍梧山，位于湖南省南部永州市宁远县境内。《史记·五帝本纪》："舜南巡崩于苍梧之野，葬于江南九嶷。" ③百子房：指莲蓬。 ④羽盖：古时以鸟羽为饰的车盖。 ⑤金母：即西王母。瑶台：西王母居住之处。

【诗义解说】

从九疑山下分来奇异的种子，从百子房中生长出祥瑞之莲。朵朵黄云似的花朵就像圆形的羽盖，为的是迎接西王母走下瑶台。

清·李鱓《鸳鸯莲子图》

图绘几枝荷叶，欹正仰俯，各具姿态，荷花有盛开，有半开，还有一枝已经结子的莲蓬，描绘了荷花生长的全过程。下有一对鸳鸯临水而立，一直视前方，一回头顾盼，神态安详。整个画面用意笔写出，笔墨自然，设色清雅，意境清俊疏朗。

荷花

[明]于若瀛[1]

群英的历点苍苔[2]，朵朵芙蓉并蒂开。
只恐西风易零落，殿芳故写岭头梅[3]。

【难点疏通】

①于若瀛(1552～1610)，字元絅，一字文若，号子步，晚号念东，济宁卫（今山东济宁）人。万历十一年(1583)登进士第，任直隶知县，迁户部主事、右佥都御史，官至陕西巡抚，赠右副都御史。工诗擅书。有《弗告堂集》二十六卷。 ②的历：光亮、鲜明的样子。 ③殿芳：开在最后。岭头：即大庾岭，五岭之一，位于江西与广东两省边境，为南岭的组成部分。山上遍植梅花，因此又称梅岭。

【诗义解说】

许多荷花的鲜艳花瓣纷纷落在苍苔上，朵朵荷花都并在一起盛开。只怕西风吹来容易凋落，开在最后的还是大庾岭上的红梅。

清·李鱓《杂画册·荷花》

此图用笔简略，一枝荷花蓓蕾，两枝荷叶。荷茎用中锋出笔，阔笔扫出荷叶，笔墨粗中有细。老叶居底，已现枯萎，嫩叶高挺，正欲展开叶片。花的蓓蕾用淡墨，两片花萼下垂，足见作者观察细腻。上部大片留白，为荷花生长留出空间。

残荷

[明]陈昂①

万木方零落，荷先叶自伤。
既圆应有破，久翠渐多黄。
盖或随波荡，茎犹惹露香。
蓐收无赖日②，恼杀两鸳鸯③。

【难点疏通】

①陈昂：字尔瞻，一字云仲，自号白云先生，莆田（今属福建）人。生卒年不详，约明神宗万历初前后在世。诸生。避倭患奔豫章（江西南昌），织草屦自给。复由楚入蜀。后寓江陵，为人佣作诗文。居数年，以穷死。有诗集《白云集》。　②蓐收：司秋之神。无赖：无聊，多事而使人讨厌。　③恼杀：十分恼恨。

【诗义解说】

所有的草木刚刚开始凋零，荷叶最先受到损伤。本来是个圆形已经开始残破，绿的时间长了就开始变黄。如盖的荷叶随着波浪动荡，茎干上仍然带着清香。秋天不好的日子很多，气坏了水中的两只鸳鸯。

清·李鱓《花果图册·荷花》

图绘两枝硕大的荷叶，托出一枝含苞欲放的荷花。干墨扫出荷叶，再用浓墨找足，使荷叶丰富多姿。淡墨勾出的蓓蕾，亭亭独立，顾盼生姿。叶下几株芦苇，迎风摇曳。浓墨的苇叶，淡墨的荷茎，相映成趣，表现了无限的生命力。

芙蓉

[明]孙慎行①

一天霞采正流虹，出水芙蕖欲吐红。
纵是连宵困寒雨，终然危干独临风。
乾坤尚郁胚胎里，身世都忘水玉中②。
慎尔芳馨良自爱，晴光早晚总天功③。

【难点疏通】

①孙慎行(1565～1636)：字闻斯，号淇澳。江苏武进人。明万历二十三年(1595)进士。授翰林院编修。累官至礼部侍郎。韩敬科场事发，孙慎行主张罢黜韩敬，遭到韩敬同党的攻击而辞官。熹宗继位，召回拜为礼部尚书。著有《困思抄》《玄晏斋集》等。 ②水玉：水晶。这里指清澈的水塘。 ③总：一定。天功：自然之功。

【诗义解说】

满天的彩霞正形成一道彩虹，长出水面的荷花正要露出鲜红。即使是整夜下着寒冷的雨，最终也是荷的高干独自迎风。天地还都存在于胚胎里面，整个身世都忘在清澈的水中。谨慎爱护你那芬芳的香气，早晚天气会放晴等待着自然之功。

清·李鱓《花果图册》

图上三枝莲蓬，一个已经成熟，一个正在成熟，一个刚刚退去花瓣，表现了生长的不同阶段。一株芦苇穿插其间，丰富了画面。莲梗用干墨疾走，芦苇则用浓墨，与莲蓬的空灵形成对比。整个画面潇洒随意，简率灵活，意味无穷。

顾懋俭约看青塘荷花不得往 [明]童珮①

群玉峰西一片霞②，游人为说是莲花。
可怜不得同船采，今夜秋江月自华。

【难点疏通】

①童珮：字子鸣，一字少瑜。龙游（今属浙江）人。明代著名藏书家。据《少室山房笔丛》：“龙丘童子鸣家藏书二万五千卷，余尝得其目，颇多秘帙。”跟他的父亲以卖书为业。　②群玉峰：即群玉山，传说为西王母所居处。《穆天子传》卷二：“天子北征，东还，乃循黑水。癸巳，至于群玉之山。”

【诗义解说】

在群玉峰的西边有一片彩霞，游人说那是盛开的莲花。可怜的是不能一同前去采摘，今晚秋江上的月亮只能自己发出光华。

清·李鱓《风荷图》

图上的荷叶、荷花、莲蓬以及芦苇，都充满了强烈的动感，荷梗与芦苇交织在一起，似有狂风吹来，因而摇摆不定，一股萧瑟的秋意扑面而来。笔墨纵横老辣，荷梗以旋动之笔绘出，如写篆书，韵味十足。

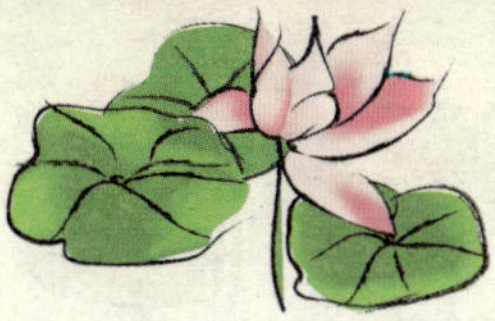

采莲 [明]端淑卿[1]

风日正晴明，荷花蔽洲渚。
不见采莲人，只闻花下语。

【难点疏通】

①端淑卿：女，活动于明世宗嘉靖(1522～1566)前后。当涂（今属安徽）人。出身书香门第。丹湖儒官芮儒之妻，年九十余而卒。幼极好学，禀性幽娴，天资颖异，日读毛诗、《列女传》、女范诸书。既长，则博学能诗，诗风极类唐人，著有《绿窗遗稿》四卷。

【诗义解说】

风和日丽晴空万里，茂盛的荷花遮蔽了水塘。看不见采莲人在什么地方，只能听见花下语声朗朗。

清·奚冈《洛浦仙裳图》

奚冈(1746～1803)，原名钢，字铁生、纯章，号萝龛、蝶野子，别号鹤渚生、蒙泉外史等，原籍安徽新安(今歙县)，寓浙江杭州西湖。工书法，擅篆刻治印，行、草、篆、隶无一不精，以绘画名于世。山水画潇洒自得，花卉兰竹超逸脱俗。此图以没骨法绘荷花绽放的风姿。花头饱满，柔嫩清润，荷叶水草疏密有致，舒卷自如。

池上 [明]张光启[1]

倚杖池边立，西风荷柄斜。
眼明秋水外，又放一枝花。

【难点疏通】

①张光启：生卒年不详，字元明，章丘（今属山东）人。明末诸生，少有文名，有人欲荐诸朝，固辞。崇祯庚辰年间遂弃诸生，灭迹城市，隐居白云湖之滨，辟一圃，曰“省园”，足不履城市，以诗酒为乐，卒年八十余。著有《自娱草》《张仲子诗》等。

【诗义解说】

拄着拐杖站在池边，西风吹来荷的茎有些倾斜。放眼看到远处的秋水上，又有一枝荷花正在盛开。

清·钱杜《人物山水图册·荷塘放艇》

钱杜(1764～1845)，字叔枚、叔美，号松壶小隐，亦号松壶，亦称壶公，号居士，钱塘（今杭州）人。性情闲旷洒脱拔俗，好游，足迹几遍天下。工诗，善书画。此图从左下长出两株绿柳，上破画面。树下有一宽阔水域，水中边缘长着荷花，一人划船而来，停在荷花边，在就近观赏荷花。对岸有围栏把荷花围起。设色淡雅，环境清幽，让人流连忘返。

画荷花二首之二 [明]朱奋[1]

竹外茅斋椽下亭，半池莲叶半池菱。
匡床曲几坐终日，万叠青山一老僧。

【难点疏通】

①朱奋：参见第79页图说。

【诗义解说】

竹林外茅草房的椽树下有个小亭，池塘里一半是荷花一半是青菱。床前摆着曲几一坐就是一天，在群山环绕之中有一个老僧。

清·钱杜《人物山水图册·荷塘放艇》

此图册共十二开，此选荷塘放艇一开。一条溪流分开近景与远景。远景群山起伏，山下茂树成林。近景为荷塘边一处水榭，池上荷叶成片，一小艇划向荷丛。水榭中一人正在观赏满塘荷花。山用披麻皴，水榭用笔工细，荷叶随意点染，创造了一种清幽的环境。

芙蓉池 [清]钱谦益[1]

莲叶何田田？花香荡疏绮[2]。
惆怅采莲人[3]，歌声隔秋水。

【难点疏通】

①钱谦益(1582～1664)：字受之，号牧斋，晚号蒙叟、东涧老人。学者称虞山先生。清初诗坛的盟主之一。江苏常熟人。明万历三十八年(1610)进士，东林党的领袖之一，官至礼部侍郎，颇具影响。马士英、阮大铖在南京拥立福王，钱谦益依附之，为礼部尚书。后降清，仍为礼部侍郎。 ②疏绮：此指开得不多如同绮罗般的荷花。 ③惆怅：伤感，失意。

【诗义解说】

荷花连成一片十分茂盛，花的香气散发在开得不多的花朵之中。让人心情不快的是那些采莲女，只能隔着秋水听到她们的歌声。

清·钱杜《藕香吟馆图》

图绘水边一处水榭，榭后群山连绵，岸边长满了荷花。一小桥与水榭相通。榭中男子在向船上的红衣采莲女招手，桥上一童子携琴而来。构图简洁，用笔工细秀润，笔意古掘清雅。

题墨画荷花 [清]龚鼎孳[1]

花何袅袅叶田田，露质烟心晚自怜。
倩取墨光描鬓影[2]，美人兼许号青莲[3]。

【难点疏通】

①龚鼎孳(1615～1673)：字孝升，号芝麓，祖籍江西临川，后迁安徽合肥，明末清初诗人，与吴伟业、钱谦益并称为“江左三大家”。崇祯七年(1634)进士，任职兵科。明亡后，可以用“闯来则降闯，满来则降满”形容，气节沦丧。死后百年，被满清划为贰臣之列。 ②倩：借用。鬓影：鬓发的影子。 ③青莲：李白曾自号青莲居士。

【诗义解说】

花朵在轻风中摇曳叶子连成一片，露水般的品质烟云般飘渺的心境晚上更加可观。借着墨光来描绘鬓发的影子，美人也允许她取号青莲。

清·任淇《荷花双凫图》

任淇，生卒年不详。亦作琪。字竹君，号建斋，浙江萧山人。任熊族叔，工书法，楷法精妙。精篆刻金，石、竹、木无不擅长。善画花鸟、界画，尤精勾花卉。图绘荷塘中荷叶茂盛，荷花盛开，芦荻摇曳。两只野鸭似受到了惊扰，从荷叶里腾飞而起，相互追逐着飞向天空，打破了环境的宁静。用细笔勾廓，重彩敷色，造型和用线富有装饰性。

王女史画莲 [清]朱彝尊[1]

可爱深红间浅红，满池荷叶动秋风。
萦回谢女题诗笔[2]，一片西飞一片东。

【难点疏通】

①朱彝尊(1629～1709)：字锡鬯，号竹垞，晚号小长芦钓鱼师，又号金风亭长。秀水（今浙江嘉兴）人。康熙十八年(1679)举科博学鸿词，以布衣授翰林院检讨，入直南书房，参加纂修《明史》。出典江南省试，因疾未及毕其事而罢归。其学识渊博，通经史，能诗词古文。浙西词派的创始者。诗与王士禛齐名，时称“南朱北王”。 ②谢女：指东晋谢安的侄女谢道韫。道韫小时聪明，能诗。后人即以谢女泛指有才学的少女。

【诗义解说】

可爱的是深红中掺杂着浅红，满池荷花在秋风中摆动。诗情婉转就像谢女那样有才，花瓣一片飞向西一片飞向东。

清·任熊《花卉图屏·荷花墨竹》

任熊(1820～1864，一作1823～1857)，字渭长，一字湘浦，号不舍，别署任公子，浙江萧山人。与任薰、任颐合称“三任”，加任预也称“四任”；又与朱熊、张熊合称“沪上三熊”。善山水、人物、花卉、翎毛、虫鱼、走兽，无一不精。笔力雄厚，气味静穆。此为四条屏，分别绘蔷薇、夹竹桃、蜀葵萱草、荷花墨竹。此选为荷花墨竹。此图用笔工细，荷叶上的纹理清晰可见，荷花勾边，巧妙留白。竹用浓墨，与绿荷相映成趣。

题画

[清]吴历[1]

梦回西望碧山微[2]，一水斜阳鸟不飞。
欲采青黄莲子叶，寄君先制卧云衣[3]。

【难点疏通】

①吴历(1632～1718)：本名启历，号渔山，桃溪居士。因所居有言子墨井，又号墨井道人。江苏常熟人。为“清初六家”之一。幼学画，稍长学琴。早年多与西人牧师、神父往来。1681年，准备随柏应理神父赴罗马觐见教皇，已至澳门，因事未能成行，遂留居澳门约五个多月。1682年在澳门加入耶稣会，受洗名为西满·沙勿略，并遵习俗取葡式名雅古纳。为清初中国籍三神父之一。在江浙一带传教。　②梦回：梦醒。　③卧云：喻指隐居。唐方干《寄李频及第》诗：“弟子已攀桂，先生犹卧云。”

【诗义解说】

梦醒之后向西望去碧绿的群山已开始模糊，斜阳照在水上没有鸟儿在飞。想要采一把青黄色的莲子叶，寄给先生先做一件隐居时穿的衣服。

清·任熊《十万图册·万点清辉》

此册为十开，因每开题中均以“万”字开头，故称“十万图册”。这里所选为万点清辉一开。此图场面十分开阔，绿色荷花连成一片，层层叠叠，由近及远，连绵不断，在水上还立着两块玲珑的巨石，打破了画面的单调。荷叶采用勾填法，清晰地勾出花瓣，极有层次感。石用皴染，突显其苍劲的个性。

荷花

[清]恽寿平①

菡萏香生墨池中，半池花景若浮空。
花开记得鸳鸯睡，可是田田荷叶东？

【难点疏通】

①恽寿平：参见第98页图说。

【诗义解说】

荷花的香气产生在墨池之中，半池花的景色好像浮在空中。花开的时候还记得鸳鸯正在休息，可是在碧绿的荷叶之东？

清·任薰《花鸟图册·荷花鸳鸯》

任薰(1835～1893)，字舜琴，又字阜长，其父任椿、兄任熊都是画家。少丧父，从兄学画，青年时在宁波卖画为生，后寓居苏州、上海。治学严谨，在写生、临摹上均下苦功。兼工人物、花鸟、山水、肖像、仕女。与任熊、任颐时称“三任”，合任预为“四任”，并为海上画派代表画家之一。此为四条屏，所选为荷花鸳鸯。荷塘里簇拥着荷花荷叶，间杂着芦苇，荷下水面有一对漂亮的鸳鸯在游动。构图满而不窒，设色妍丽。

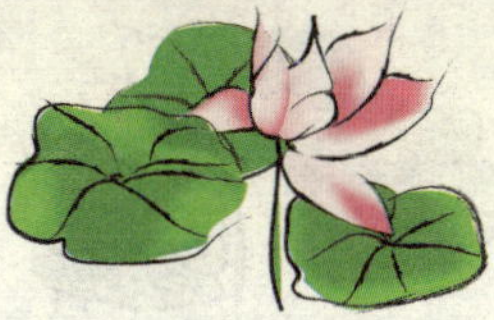

题画荷

[清]常安[1]

莲叶萧梢剩绿房[2]，荷花零落损红芳。
悬来水槛凉风起[3]，知是荷香慢墨香。

【难点疏通】

①常安(?～747)：清满洲镶红旗人，字履坦。康熙三十二年举人，乾隆间官至浙江巡抚。通经史，能文章。以论著讥刺时事获罪，下狱死。著有《从祀名贤传》《受宜堂集》等。 ②萧梢：萧条凄凉。 ③水槛：临水的亭子。

【诗义解说】

莲叶开始凋落剩下了莲房，荷花飘零减少了红装。一阵凉风吹向悬在水上的凉亭，不知道是荷花的香气还是墨香。

清·虚谷《花卉蔬果图册·湖中风味》

虚谷(1823～1896)，籍本新安(今安徽歙县)，家于广陵(今江苏扬州)。俗姓朱，名怀仁。初任清军参将与太平军作战，意有感触，后出家，名虚白，字虚谷，号倦鹤、紫阳山民等。以字行，室名觉非庵、古柏草堂、三十七峰草堂等。不茹素，不礼佛，惟以书画自娱，山水、花卉、蔬果、禽鱼落笔冷隽，蹊径别开。书法亦奇古绝俗。此图册共十二开，此所选为湖中风味一开。图上一束莲蓬，用草捆扎，三片藕片，藕片孔洞清晰。用笔率意，极富生活情趣。

荷花

[清]原济[1]

荷叶五寸荷花娇，贴波不碍画船摇。
相到薰风四五月，也能遮却美人腰。

【难点疏通】

①原济：参见第114页图说。

【诗义解说】

荷叶才长出五寸荷花开得美好，贴在水面不影响船儿轻摇。到了夏风吹来的四五月天气，也能够长及美人的腰。

清·虚谷《花卉蔬果图册·微妙香洁》

图上一朵荷花，几片荷叶，数茎芦苇。所绘荷叶与众不同，不是简单的绿色，而是用绿、赭石、胭脂等交替使用。芦苇也不是用浓墨撇出，亦用赭石。花朵用墨勾出，花蕊点以红色，十分艳丽。

采莲歌 [清]王鸿绪①

采采江水滨，荷花照脸新。
莫愁西日晚，明月解留人。

【难点疏通】

①王鸿绪(1645～1723)：初名度心，中进士后改名鸿绪。字季友，号俨斋，别号横云山人，江南娄县（今上海金山）人，出于官宦之家。康熙十二年(1673)进士。十四年(1675)主持顺天乡试，充日讲起居注官，不久升赞善。二十一年(1682)转侍读，任《明史》总裁官、左都御史等。精鉴赏，工书法，通医学。

【诗义解说】

在江边采荷花，荷花映照在脸上十分清新。不要担心太阳快要落山，明月也懂得挽留客人。

清·虚谷《杂画册·香远益清》

此册共十开，分别绘金鱼、松鼠、白猫，枇杷、荷花、菊花、西瓜、垂柳、竹笋、翠竹等人们常见的题材。这里选香远益清一开。荷叶用色多变，浅绛、石青兼用，墨笔勾筋。花朵不用线勾轮廓，直接绘出，反映了作者的独特风格。

夏燕新莲

[清]爱新觉罗·玄烨①

紫燕双双到案前，天教霖雨足禾田②。
临窗斜掠莲花影，云与波光皆渺然。

【难点疏通】

①爱新觉罗·玄烨(1654～1722)：即康熙皇帝，为顺治皇帝第三子，执政长达六十一年，是中国历史上在位时间最长的皇帝。　②霖雨：连绵的雨。

【诗义解说】

一对紫燕飞到了桌子上，上天让连绵的雨润足了禾田。站在窗前看一眼莲花的影子，云彩与波光一片迷蒙看清很难。

清·虚谷《荷花图》

图绘荷塘一角，肥大的荷叶占据了主要画面，从叶子中间挺出几朵荷花，其下还有新长出的荷叶与一些水草。所绘荷花与众不同，用笔方折老健，表现出挺拔绽放的姿态。绿色的荷叶滋润肥硕，确有“一路荷花香到门”之感。

初秋幸西苑观荷命小船采莲[1]

[清]爱新觉罗·玄烨

命驾临西苑[2]，初秋向晚天。
芰荷池沼满，鸥鹭夕阳边。
频使移轻舫[3]，时来献采莲。
离宫阑槛外[4]，风动碧翩翩。

【难点疏通】

①西苑：即现在北京的北海与中南海。 ②命驾：命驾车马准备出发。 ③舫：船。 ④离宫：皇帝出巡时的住所。阑槛：栏杆。

【诗义解说】

命人准备车驾前往西苑，正是初秋傍晚的时间。菱角荷花长满了池塘，鸥鸟鹭鸶飞翔在天边。不断让小船向前移动，不时有人来献所采的莲。在离宫的栏杆外面，碧绿的荷叶在风中翩跹。

清·赵之谦《花卉图册·荷花》

赵之谦(1829～1884)，会稽（今浙江绍兴）人。初字益甫，号冷君，后改字撝叔，号铁三、憨寮，又号悲庵、无闷、梅庵等。官至江西鄱阳、奉新知县，工诗文，擅书法，自成一格，奇倔雄强，别出时俗。善绘画，为清末写意花卉之开山。篆刻博取秦诏、汉镜、泉币、汉铭文和碑版文字等入印，一扫旧习，所作苍秀雄浑。此图册共十二开，这里所选为荷花一开。构图别致，画面集中在右下方，左上基本空白。色泽鲜艳，墨色润泽。

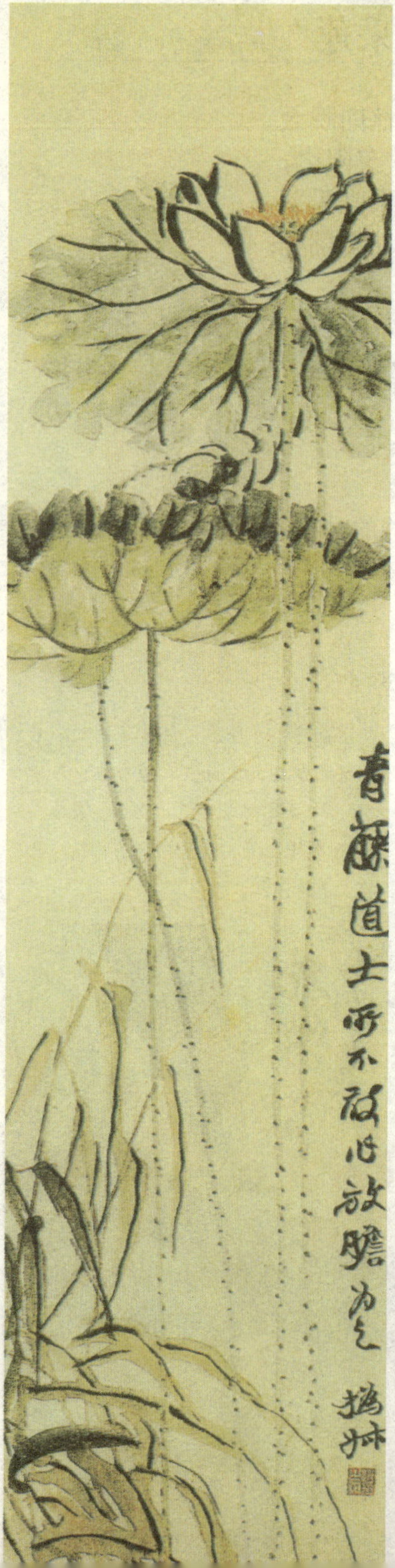

采莲曲

[清]史夔①

拨棹里湖去，连堤种芰荷。
折来与郎嗅②，香比外湖多。

【难点疏通】

①史夔(1661～1713)：字胄司，号耕岩，江苏溧阳人，清朝诗人。康熙二十年(1681)举人，二十一年(1682)进士，廷试二甲一名，选庶吉士，授编修，旋充二十四年(1685)乙酉科会试同考官。二十八年(1689)以编修充日讲起居注官，三十八年(1699)出任己卯科乡试浙江考官。四十九年(1710)受命为《康熙字典》纂修官。五十年(1711)以詹事府少詹事充经筵讲官。 ②郎：指采莲女的意中人。

【诗义解说】

掉转船头划向里湖，连着堤坝种着菱角与新荷。折下一枝让心上人闻闻，气味要比外湖香得多。

清·赵之谦《花卉图屏·荷》

这里所选为四条屏之一。构图奇特，用干墨绘出荷梗，再用浓墨加点，断断续续，别有风味。荷梗颀长，两枝荷花相并而长，伸向画面的最高处。两枝荷叶相交而长，好像在托着荷花。下方几株芦苇，或立或伏，姿态不一。

荷塘立鹤图

[清]马元驭①

香风吹过碧云堆②，
荷叶罗裙一色裁。
白鹭起时知棹转，
绿萍开处听歌来。

【难点疏通】

①马元驭：参见第128页图说。 ②碧云堆：指成片的荷叶。

【诗义解说】

香风从成片的荷叶上吹过，荷叶和罗裙用一个颜色剪裁。白鹭飞了起来知道掉转了船头，绿萍散开的地方有歌声传来。

清·任薰《花鸟图屏·天竺白头》

此为四条屏，分别绘桃石春燕、天竺白头、枫菊八哥、梅花山鸟。这里所选为天竺白头。上方天竺盛开，花朵艳丽，枝叶繁茂。上落一只白头翁，正目视前方。下方绘有一枝荷叶、一朵荷花，水面上长着茂盛的蒲草。构图合理，妍美可观。

咏两明轩盆荷四首之一 [清]汪士慎①

尺许香泥种藕须，从今花胜美人姿。
阶前一样翻风叶，何用凭栏定有池。

【难点疏通】

① 汪士慎(1686～1759)：字近人，号巢林，别号溪东外史、晚春老人等，原籍安徽歙县，居扬州以卖画为生。工花卉，随意点笔，清妙多姿。尤擅画梅，常到扬州城外梅花岭赏梅、写梅。所作梅花，以密蕊繁枝见称，清淡秀雅，五十四岁时左眼失明，仍能画梅。六十七岁时双目俱瞎，但仍能挥写狂草大字。善诗，著有《巢林诗集》。

【诗义解说】

一尺见方的泥土种上藕须，到现在花已盛开超过了美人的艳丽。台阶前一样有风吹动着荷叶，何必一定要凭栏要有水池。

清·胡锡珪《仕女图册·荷净纳凉》

胡锡珪(1839～1883)，初名文，字三桥，号盘溪外史、红茵生、红茵馆主，室名盘溪小筑、红茵馆。江苏苏州人。工书画，用笔秀逸能变，施墨淡而有味，配景松茸而雅，仕女得静娴淑丽之致，善以阔笔作没骨戏曲人物，水晕墨章，栩栩如生，松秀飘逸，墨气流动，奔放淋漓。此册共十二开，此所选为荷净纳凉一开。图上远山连绵，近处荷塘宽阔。水边有亭一座，二仕女携琴而来。画面清秀，境界开阔。

画荷花二首之二

[清]李鱓[1]

碧波心里露娇容，浓色何如淡色工。
漫道湖光全冷露[2]，渔灯一点透微红。

【难点疏通】

①李鱓：参见第147页图说。 ②漫道：不要说。

【诗义解说】

绿色水波中露出娇艳的容颜，用色太浓哪里比得上淡色工整。不要说湖里面都是寒冷的露水，还有一盏渔灯透出微红。

清·任颐《凭栏赏荷图》

任颐(1840～1896)，字伯年，浙江山阴人。儿时随父学画，十四岁到上海，在扇庄当学徒，后以卖画为生。所画题材极为广泛，人物、花鸟、山水、走兽无不精妙。用笔用墨丰富多变，构图新巧，创造了一种清新流畅的独特风格，在“正统派”外别树一帜。任颐以人物肖像名噪一时。此图所绘人物不详，他身躯伟岸，脸庞丰满，手执纨扇，倚在荷塘栏杆上，若有所思。身后荷花怒放，枝叶繁茂，衬托出主人公宁静淡雅的精神面貌。

画荷叶鹭鸶 [清]李鱓

白发低头画鹭鸶，
老夫一笑有新诗。
凭君飞向江南去①，
水漫孤城报我知。

【难点疏通】

①君：指鹭鸶。

【诗义解说】

白发苍苍低着头画鹭鸶，老夫我不由一笑因为有了新诗。任凭你飞向江南去，如果水漫了孤城一定要报告让我知悉。

清·任颐《花鸟图屏·君子有九思图》

此条屏共十二幅，分别绘海棠小鸟、天竹野鸭、林竹山鸟、牡丹绶带、荷蓼九鸾、豆架双鸡、凌霄枯柏等。这里所选为君子有九思图一幅。用九鸶谐间《论语》中君子有九思这句话。图的下部荷花盛开，荷叶田田，蓼花丛聚，九只鹭鸶立于水中，情态各异。设色妍丽，意境深邃。

秋荷 [清]郑燮[1]

秋荷独后时，摇落见风姿[2]。
无力争先发，非因后出奇。

【难点疏通】

①郑燮(1693～1765)：字克柔，号板桥，江苏兴化人。应科举为康熙秀才，雍正十年(1732)举人，乾隆元年(1736)进士。官山东范县、潍县县令。工诗词，善书画。擅花卉木石，尤长兰竹。兰叶之妙以焦墨挥毫，藉草书中之中竖，长撇运之，多不乱，少不疏，脱尽时习，秀劲绝伦。书亦有别致，隶、楷参半，自称“六分半书”。“扬州八怪”之一。 ②摇落：凋残，零落。

【诗义解说】

荷花总是开在秋天的最后，百花凋落才看出它的风姿。没有力量争着开在前面，不是因为后开才显得出奇。

清·任颐《花鸟图屏·荷塘秋艳》

此为六条屏，这里所选为荷塘秋艳一幅。图绘荷塘里的荷花与荷叶十分茂盛，荷叶下有两只鹭鸶站在水中，一低头觅食，一抬头远望。作者在紫色绢底上用金粉的浓淡代替墨色的深浅，别有风味。花瓣基本使用金笔，荷叶则金中含绿，色调微显冷暖变化，并留出绢底的暗色表示鸟目，颇见巧思。

偕同人过蔚千看荷 [清]戴亨[1]

照眼花光露未干[2]，拂云槐荫覆杯盘。
世情多为荣枯苦，吾辈从来礼法宽[3]。
北海高风宾座满[4]，炎天六月草堂寒[5]。
十洲三岛谁能到[6]，对此林塘足尽欢。

【难点疏通】

①戴亨(1691～?)：字通乾，号遂堂，汉军旗人。祖籍浙江仁和，生于北京。随父至沈阳，后去铁岭。康熙辛丑进士，官齐河知县。有《庆芝堂诗集》。 ②照眼：耀眼。③礼法宽：不拘礼法。 ④北海：指北方。高风：强劲的风。 ⑤炎天：炎热的夏天。指南方。 ⑥十洲三岛：传说皆为神仙居住的地方。十洲为，瀛洲、玄洲、长洲、流洲、元洲、生洲、祖洲、炎洲、凤麟洲、聚窟洲。三岛为，蓬莱、方丈、瀛洲。

【诗义解说】

耀眼的花光露水还没有干，高入云霄的槐树有一片树荫。世人之情多为名利地位而痛苦，我们这些人从来不把礼法放在心中。北方风大寒冷而宾朋满座气氛融融，南方六月天气炎热草堂清冷。十洲三岛谁能到得了，面对这小小的池塘也足以充满欢情。

清·任颐《爱莲图》

荷塘里荷花盛开，荷叶如盖。有水草长在荷叶的前前后后。一男子坐在栏杆边，作守候状，这个人就应该是写《爱莲说》的周敦颐吧。荷叶用细笔勾出筋脉，花朵用笔工细。人物形象夸张，衣纹线条复杂，画面的轻重、浓淡、疏密等各种因素相互衬托，韵味十足。

荷花 [清]丁廷烺[1]

碧干濯清涟[2]，亭亭净炎暑[3]。
微雨晚来过，香风满汀渚[4]。

【难点疏通】

①丁廷烺：生卒年不详，字闇臣，一字闇存，号易东，浙江嘉善人。善画，宗法元人，精鉴赏。著有《恕斋诗钞》。 ②碧干：绿色的荷茎。 ③亭亭：高耸的样子。 ④汀渚：水中小洲或水边平地。

【诗义解说】

清水冲洗着绿色的荷茎，高高耸立抵消着酷暑。晚上一阵小雨飘过，水边充满了清新的香气。

清·任颐《莲塘清兴图》

图绘池塘里一只小船，一枝莲花伸到船上，坐在船上的采莲女正看着这朵莲花，旁边是如盖的荷叶。水面还有刚生长出来的嫩叶，远处芦苇连成一片。色泽滋润，虚实互补，墨笔勾出荷叶轮廓，在绿色荷叶上随意勾出筋脉。下方水草用笔较浓，与荷叶区分出层次。

题梅螯庵画莲 [清]边连宝[1]

红衣半欲残[2]，露冷莲房老。
一鸟飐风芦[3]，余势犹袅袅[4]。

【难点疏通】

①边连宝(1700～1773)：字赵珍，后更肇畛，号随园，晚年自号茗禅居士。直隶任丘（今属河北）边各庄村人。清代中叶著名学者、文学家、诗人，性情耿介，不依阿流俗，精通经、史、子、集，著有《随园诗草》。与纪晓岚、刘炳、戈岱、李中简、边继祖、戈涛并称“瀛州七子”。 ②红衣：红色花瓣。 ③飐(zhǎn)：风吹颤动。 ④余势：未完全消失的势头。袅袅：摇曳。

【诗义解说】

红色花瓣一半已经快要凋残，露水寒冷莲房已经变老。一只小鸟从芦苇上飞过，余下的势头仍在轻摇。

清·任颐《夜荷栖鸭图》

图上的荷叶有的刚刚出生，有的正在展开，有的已经全部展开，在展开的荷叶上一朵荷花挺出，半卷的荷叶像是在呵护着荷花。叶下点缀着披拂的水草。一只野鸭浮在水面，正作回头观望状。用墨笔点荷花的暗处，极富立体感。用浓淡不同的颜色表现荷叶的向背。野鸭用笔简略，但神态毕现。

荷 [清]边寿民[1]

南人家水曲[2]，
种藕亦良谋[3]。
落得好花看[4]，
秋来子亦收。

【难点疏通】

①边寿民：参见第137页图说。 ②水曲：水流曲折处，曲折的水滨。 ③良谋：好主意。 ④落得：乐得。

【诗义解说】

南方人家住在曲折的水边，种一片莲藕是个很好的主意。一方面有好花观看，到秋天还可以收获莲子。

清·任颐《秋荷鸬鹚图》

图上荷叶的边缘已经发黄，仅露半边的花朵其瓣也已接近脱落，说明已经到了秋季。荷下三只鸬鹚站在水中，看向同一个方向。荷叶上的点点水滴，表明一场雨刚过。作者使用没骨法加撞水法，使整个画面显得十分湿润。

画莲花

[清]张问陶[1]

新雨迎秋欲满塘，绿槐风过午阴凉。
水亭几日无人到，让与莲花自在香[2]。

【难点疏通】

①张问陶(1764～1814)：字仲治，号船山，四川遂宁人。乾隆进士，授检讨，官莱州知府。论诗主张抒写性情，反对模拟，所作为袁枚所赞扬。作品多表现日常生活，情调流于感伤。并能书画。著有《船山诗草》。 ②自在：安闲自得。

【诗义解说】

秋天的一场新雨池塘欲满，从槐树中刮来一阵轻风午间变得阴凉。水边亭子几天都没有人到来，让白莲悠闲自在地散发着清香。

清·任颐《残荷鹭鸶图》

图上张开了一张巨大的荷叶，叶子已经开始枯萎，并可见虫蛀的漏洞。有白荷红蓼点缀，两只鹭鸶立在荷叶之后，神态安详。荷叶与鹭鸶用笔细腻，野草则用笔横扫，蓼花用淡色，影影绰绰。虚实结合、工写结合，是此画的特点。

包公祠荷花[1]

[清]史台懋[2]

丛祠花发绕回汀[3]，烦暑时时过客停[4]。
谁把栏干界红白[5]，红莲沉醉白莲醒。

【难点疏通】

①包公祠：在安徽省合肥市。明弘治元年(1488)，庐州知府宋鉴在此修建包书院，故又名包公祠。　②史台懋：字甸循，号半楼，合肥人。有《浮槎山馆诗集》。余皆不详。③丛祠：丛树中的神祠。　④烦暑：闷热，暑热。　⑤界：划分。用作动词。

【诗义解说】

神祠水边的荷花正在盛开，天气太热不时有人在这里暂停。是谁用栏杆分成了红白两处，红莲像是喝醉了酒而白莲则十分清醒。

清·任颐《茂叔爱莲图》

茂叔即周敦颐的字，此图即根据他的《爱莲说》所绘。图绘池塘里荷叶盛开，有的花朵还长到了栏杆上。一个人坐在凳子上，扶着栏杆，专注地看着满池荷花，长出来的荷花掩住了他的半个身体。人物的表情，水墨淋漓的荷花，都表现得恰到好处。

画荷

[清]薛廷文[1]

净洗铅华点绿芜[2]，碧筒初放水平铺[3]。
红衣不肯轻狼藉，莫遣秋风到画图。

【难点疏通】

①薛廷文(1724～？)：字鲁哉，号春树，又号卤斋，浙江嘉兴人。性孤介，栖迹古寺中，卖画为生。工诗、画，深得北宋人意。所作花卉勾染精妍，尤长于荷花。著有《听雪斋诗抄》。②铅华：古代妇女用的化妆品。　③碧筒：古代在盛夏临水为席，以荷叶为酒杯。将盛满美酒的荷叶系紧，然后放在人嘴边，用筷子刺一孔饮下，如果一口喝不完则要重饮一次。被称为“碧筒饮”。

【诗义解说】

洗尽化妆用品点画绿色草地，碧筒刚刚放上水面十分平整。红色荷花不肯轻易凋落，不要让画图上出现秋风。

清·任颐《荷花鸣鸭图》

在绿叶的衬托下，一朵荷花正在盛开，黄颜色的花瓣与背景相近，点以白色，用红色点花蕊，使花朵显得格外艳丽。水中有一只鸭子，正张着嘴鸣叫，好像在呼唤伙伴。颜色搭配合理，艳而不俗。

采莲曲二首之一

[清]钱凤纶[1]

芙蓉灼灼斗红妆[2]，双桨中流荡夕阳。
频嘱小姑轻笑语，莫教惊起宿鸳鸯。

【难点疏通】

①钱凤纶：字云仪，钱塘人。清初浙江著名女诗人，系其母顾之琼所创“蕉园诗社”的重要成员，被列为“蕉园五子”和“蕉园七子”。进士安侯女，诸生黄式序室。有《古香楼集》。　②灼灼：花开鲜明的样子。

【诗义解说】

芙蓉开得艳丽都在比试着红妆，双桨划船到中流已经是夕阳。不断嘱咐采莲女孩笑声小一点儿，不要惊起正在睡觉的鸳鸯。

清·任颐《人物仕女图册·观荷》

此图册共八开。虽云“人物仕女”，真正仕女只有一开，其他均为男子形象。所绘文人雅士，或于桐荫消夏，或于荷塘纳凉，或于舟中赏雪，或于雪夜访友。所绘仕女，怀抱琵琶。笔墨简淡，色彩清雅。人物衣纹用细笔绘出，劲挺有力，顿挫有致。这里所选为观荷一开。

采莲曲二首之二

[清]钱凤纶

尽日轻风泛画船[1]，波摇翠袖舞翩跹。
何缘花里忘归路[2]，贪看湖心并蒂莲。

【难点疏通】

①尽日：整天。 ②何缘：什么原因。

【诗义解说】

整天在轻风里划着画船，波浪摇动翠袖在风中翩跹。什么原因忘记了回去的道路，因为贪看湖心的并蒂莲。

清·任颐《荷花双燕图》

成片的荷叶，有正有反，在荷叶的缝隙里，隐现着几朵白荷。有两只燕子从荷塘上飞过，为画面增加了动感。荷梗用淡墨绘出，再点以浓墨，有很强的质感。整个画面丰润秀美，构图考究，动静结合，环境清幽。

病中咏秋荷

[清]蔡桓[1]

出尘花品爱池荷，零落秋风可奈何。
共羡莲房多结子，子多赢得苦心多。

【难点疏通】

①蔡桓：字宣卿，女，其父朱源，字原长，秀水（今浙江嘉兴）诸生。入太学议叙，授如皋县掘港场主簿。蔡桓精摹晋唐帖，善仿书。尝缩临兰亭、圣教序如蝇头，丰神逼肖。嫁钱塘乾隆己卯举人、遂昌训导吴颢。

【诗义解说】

超出尘世的花品人们都喜欢池中的荷，在秋风中零落真是无可奈何。都羡慕莲房里面结子很多，可是子多的时候得到的苦心也多。

清·吴振武《荷花鸳鸯图》

吴振武，生卒年不详，字威中，浙江嘉兴人，清代著名学者朱彝尊的外甥。善花卉草虫，山水得王原祁指授，兼善指墨。图绘池塘水清见底，几茎荷叶伸出水面，内绿外白，尽显苍劲。一朵绽放的荷花埋于其中，花瓣层叠有致，花蕊黄色。一上一下的另两朵荷花，形成怀抱之势。左侧一枝只露尖角，也朝向三朵荷花。荷叶下两只鸳鸯，一向前，嘴微张，另一只缩首舒腿，怡然自乐。全图工整细腻，艳而不俗。

慈仁寺荷花池 [近代]何绍基①

坐看倒影浸天河，风过栏干水不波②。
想见夜深人散后③，满湖萤火比星多④。

【难点疏通】

①何绍基(1799～1873)：字子贞，号东洲，别号东洲居士，晚号蝯叟。湖南道州（今道县）人。历嘉庆、道光、咸丰、同治四朝，晚清诗人、画家、书法家。 ②水不波：水面上没吹起波纹。 ③想见：由推想而知道。 ④萤火：指萤火虫的亮光。

【诗义解说】

人们坐在池边看到荷花倒映在天河里，微风吹过池边的栏杆水没有兴起微波。可以想象夜深人们散去以后，水面上的萤火虫比天上的星星还要多。

清·李汝南《荷花扇面轴》

李汝南，四川温江人，字湘石，同治九年(1870)中顺天乡试举人，长居京师，所交皆知名士。诗文、书法驰名一时，尤以书画为世所重，著有《李湘石遗诗》三卷及《李湘石年谱》一卷。此图所绘荷花荷叶用笔简率，寥寥几笔勾出花朵，再染出绿叶，一枝枯叶垂向下方。用极淡的墨色绘出后面的几株水草，有一种秋天的冷气吹来。

荷清 [近代]费丹旭[1]

一棹西泠路[2]，芰荷开绕塘。
歌声起何处？飞出两鸳鸯。

【难点疏通】

①费丹旭(1801～1850)：字子苕，号晓楼，别号环溪生、环渚生、三碑乡人、长房后裔，晚号偶翁，乌程（今浙江湖州）人。肖像画独具一格，亦作花卉山水，如镜取影，尤精补景仕女，秀润素淡，潇洒自然，用笔流利，轻灵洒脱，有“费派”之称。偶作诗词，亦如其画。工书法，有韵致。一生为家计所累，卖画于江浙两省。著有《依旧草堂遗稿》。　②西泠：地名，位于浙江省杭州市西湖孤山西南侧。

【诗义解说】

划船来到西泠路上，盛开的菱角荷花绕着池塘。歌声是从什么地方传出来，就是飞出两只鸳鸯的地方。

清·吴昌硕《荷花图》

吴昌硕(1844～1927)，原名俊，字昌硕，后以字行，号俊卿、缶庐等，浙江安吉人。工诗文、金石、书画，均有很高成就。以金石书法笔意所作大写意花卉，笔力老辣雄健，色彩浓艳，开创了重彩写意画的一代新风。这种以墨为主的画，在吴昌硕的作品中还不多见。主画面上浓墨染出的荷叶上，托出两朵白色的荷花，对比强烈而花显得格外突出，下方还有一片淡墨染出的荷叶，以作陪衬。再用淡赭画出几株芦苇，以为背景。意到笔随，粗中有细，墨色淋漓。

过西海子看新荷[1]

[近代]王照圆[2]

凉亭水榭映朝霞，碧沼初开菡萏花。
海子西头杨柳岸，绿烟深处是仙家。

【难点疏通】

①西海子：在今北京市通州区。 ②王照圆(1763～1851)：字瑞玉。女。福山县（今山东烟台）人。清末女诗人和训诂学家。出身于书香门第。幼读经书，二十岁即作《葩经小记》。乾隆五十三年(1788)与著名学者郝懿行结婚，志同道合，常以诗词唱和。道光五年(1825)丈夫去世后，回归故里专门整理丈夫遗著。自著有《列女传补注》《列仙传校正》《梦书》《晒书堂闺中文存》《葩经小记》等。

【诗义解说】

凉亭水榭映衬出朝霞，绿色池塘里正开着荷花。海子西头的杨柳岸边，绿柳深处正是神仙人家。

清·吴昌硕《花卉蔬果图卷》

此图是作者用大写意法将不同季节的十多种花果蔬菜如牡丹、玉兰、荔枝、荷花、菊花，柿子、葡萄、石榴，白菜、萝卜等绘在一起。下笔灵活潇洒，勾点、泼墨、没骨兼用，笔墨苍劲古朴。用大红大绿等鲜明的对比色彩，强化了作品的可观性。这里选的是荷花一段。

莲藕

[近代]潘遵祁[1]

长桥廿四枕船眠[2]，一种诗心上鹭肩。
不画荷花画莲藕，爱他风味占秋前[3]。

【难点疏通】

①潘遵祁(1808～1892)：吴县（今江苏苏州）人。道光二十五年(1845)进士，二十七年（1847）翰林，旋乞归，隐居苏州邓尉山，筑香雪草堂。工画花卉。著有《西圃集》。②长桥廿四：即江苏扬州二十四桥。　③占：据有。

【诗义解说】

在二十四桥下枕着船睡眠，一种诗情上了鹭鸶的肩头。不画荷花而画莲藕，喜欢它拥有秋天到来之前的氛围。

清·吴昌硕《设色花果图册·荷花》

此图册共十二开，分别绘水仙、玉兰、荷花、菊花、葫芦、枇杷等，这里选的是荷花一开。图上一片硕大荷叶，先用石绿加藤黄染出，再用墨笔勾出筋脉。旁有一朵盛开的鲜艳荷花，墨笔勾出轮廓，再用胭脂染花瓣，清秀而艳丽。

冷香画荷索题

[近代]吴昌硕[1]

荷气迎秋天影寒[2]，赏秋人醉倚阑干。
无风波处真难得，浅水芦花画里看。

【难点疏通】

①吴昌硕：参见第191页图说。 ②天影：天气。

【诗义解说】

荷花的气息迎着秋天天气开始变冷，赏秋的人醉酒之后倚着栏杆。没风没浪的地方真是难得，浅水芦花都可以在画里面观看。

清·吴昌硕《荷蓼图》

图绘荷花与蓼花。荷花一朵，刚刚开放，两片荷叶丰硕厚重，下方几株红蓼茂盛而鲜艳。荷叶用浓墨渲染，蓼花蓼叶则用细笔描绘，充分体现了作者重、拙、大的特色，力度、意趣、气势无不具备。

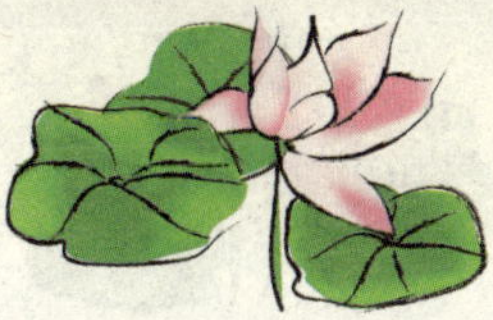

题画荷 [近代]沈汝瑾①

太液池久荒，采莲人亦瘦。
此处无风波，红衣尚依旧。

【难点疏通】

①沈汝瑾(1857～1917)：字公周，号石友，别署钝居士，江苏常熟人。工诗词，藏砚颇多，有《石友砚谱》行世。善书法。能作花卉蔬果，蒲华、吴昌硕时与之合作。著有《石友诗集》等。

【诗义解说】

太液池里早已经荒凉，采莲的人也变得消瘦。这个地方没有风波，红色荷花开得依旧。

清·张熊《花卉图册·荷花》

张熊(1803～1886)，又名张熊祥，字寿甫，亦作寿父，号子祥，晚号祥翁，别号鸳湖外史、鸳湖老人、鸳湖老者、西厢客等。秀水（今浙江嘉兴）人。擅长画花卉，尤善画大幅牡丹。花鸟、草虫、蔬果、人物、山水都很有功力，精篆刻，绘画注重写生，亦善八分书。与任熊、朱熊合称“沪上三熊”。亦工诗。著有《题画集》《银藤花馆诗钞》。图绘荷花一束。似有狂风从左侧刮来，荷叶、荷花、芦苇均向右侧倾斜。荷叶墨色有浓有淡，荷花用墨笔勾出轮廓，再点以淡黄，隐约可见其中的莲蓬。一只蜻蜓落在芦苇上，为画面增加了动感。

自题荷花水亭画扇

[近代]曾习经[1]

老退耽书爱日长[2]，披披荷叶晚风凉[3]。
廿年不坐莲韬馆[4]，每到临流忆故乡。

【难点疏通】

①曾习经(1867～1926)，字刚父，号蛰庵，揭阳县（今属广东）人。清光绪十五年(1889)举人，次年中进士，十八年(1892)授户部主事。此后历官户部员外郎、度支部左参议、度支部右丞，兼法律馆协修、大清银行监督、税务处提调、印刷局总办、宪政编查馆学部咨询官等职。宣统退位，他于前一日便引疾辞官，退居京郊宁河杨漕田舍，辟地躬耕，自号蛰庵居士。袁世凯及北洋军阀等多次邀他出任要职，均固辞不就。著有《蛰庵词》。 ②耽书：痴迷于读书。 ③披披：飘动的样子。 ④莲韬馆：1887年，两广总督张之洞在广州创建广雅书院，山长所居及接见诸生员之地称“莲韬馆”。

【诗义解说】

老年退休后沉迷读书喜欢白天时间长，晚风吹来荷叶摆动一阵清凉。二十年没有再到莲韬馆中坐坐，每到流水边都会想起故乡。

清·胡公寿《香满意浦塘图》

胡公寿(1823～1886)，华亭（今上海松江）人。初名远，号瘦鹤、小樵，别号横云山民，以字行。工画山水、兰竹、花卉，萃古今诸家之妙，成一大家。江、浙名士无不倾服。书法独具体势。为海上画派代表画家之一。此图用笔简练，设色明丽，描写“荷钿小小半溪香，水凉风搅一池荷”的诗意。先用湿笔画二丛绿色的菰蒲，白莲盛开，亭亭玉立，随风摇曳，清香远溢。荷叶穿插顾盼，富有感染力。

西湖荷花词二首之一 [近代]赵熙[①]

西湖真个水仙家[②]，水色蓝天印翠纱。
玉样山光围住水，全家儿女住荷花。

【难点疏通】

①赵熙(1867～1948)：字尧生，号香宋，四川荣县人。蜀中五老七贤之一，世称“晚清第一词人”。工诗，善书，间亦作画。诗篇援笔立就，风调冠绝一时。偶撰戏词，传播妇孺之口。光绪二十年，应保和殿大考，名例一等，授翰林院国史馆编修。文章骈散俱精，以散文为多。一生作诗三千余首，著有《香宋诗抄》《香宋词》等。 ②水仙：水中仙子。

【诗义解说】

西湖真是水中仙子的家，水色蓝天都在翠绿的轻纱上留下印痕。玉一样的山光把水围住，一家老小都住在荷花之中。

清·浦华《红蓼荷花图》

浦华(1830～1911)，浙江嘉兴人，字作英，号胥山外史。1894年至上海，鬻书画以自给。作品雄杰奔放、意态恣纵。在后期海派画家中，颇具代表性。善草书，奔放如天马行空，时罕其匹。作者用奇特的笔力，绘红白两朵荷花。下半幅墨叶白荷与上半幅碧叶红荷相呼应。又以红蓼、浮萍协调全画。荷叶用湿笔绘写，墨彩淋漓。画面线条流畅洗炼，设色淡雅。

西湖荷花词二首之二 [近代]赵熙

老僧湖上晒袈裟①，
自打山钟度年华。
见说出家无一事②，
寺前寺后种荷花。

【难点疏通】

①袈裟：僧人穿在身上的法衣。 ②见说：听说。

【诗义解说】

老僧在西湖边上晾晒袈裟，自已敲打山钟度过岁月年华。听说出家人没有什么事情可做，就在寺前寺后栽种荷花。

近代·陆恢《花卉图屏·莲盖珠圆》

陆恢(1851～1920)，原名友恢，一名友奎，字廉夫，号狷叟，一字狷盦，自号破佛盦主人，吴县（今江苏苏州）人。书工汉隶。画则山水、人物、花鸟、果品无一不能。此图屏共十六幅，这里选的是莲盖珠圆一幅。此图所绘，层次感极强，荷叶有衰微、茂盛、初生之不同，荷花有盛开、半开、含苞、结蓬之区别。野草浮萍点缀。画面丰富，色彩斑斓，意趣天成。

题所画莲花 [近代]何振岱[1]

画莲不作春花媚，宿鹭遮鱼致自奇。
一亩野塘天乞与，东风何力不曾知。

【难点疏通】

①何振岱(1867～1952)：字梅生，号心与、觉庐、悦明，晚年自号梅叟，侯官县(今福州)人。光绪二十三年(1897)举人。科举废止后，被江西布政使沈瑜庆聘为藩署文案。民国四年(1915)修《西湖志》，第二年参加《福建通志》修撰。民国十一年应邀赴京在何鸿年家任教读。民国二十五年回福州，家居十余载，以诗文自遣。抗日战争中，拒绝与日本人合作。抗日战争胜利后，国民政府褒奖抗日期间坚贞不屈人士中，他被列福州首位。著作有《觉庐诗草》《我春室文集》等。

【诗义解说】

画莲不画春花的媚态，睡去的白鹭遮住游鱼景色自然奇特。一亩野塘是老天赐给，东风起到什么作用不曾知道。

近代·王震《墨荷图》

王震(1867～1938)，浙江吴兴（今湖州）人，字一亭，别号白龙山人。能书善画。后期 “海派”代表人物之一。所绘花卉秀茂，飞禽生动，佛像超脱。先后参加上海艺术、慈善、佛教等各种团体。有《白龙山人画集》《王一亭选集》和《王一亭题画诗选集》等。此图描绘池塘中荷花盛开的景色。荷叶以泼墨手法表现，荷花用墨笔勾出，略施淡彩，笔墨酣畅。

白莲 [近代]路秀贞[1]

雨过暗闻香，凌波试淡妆。
珊珊仙袂冷[2]，鸥梦伴银塘。

【难点疏通】

①路秀贞：字春波，毕节（今属贵州）人。洛阳知县路璜女，修文江苏候补道袁照藜室。有《吟莛馆遗诗》。②珊珊：轻盈、舒缓的样子。袂：衣袖。

【诗义解说】

一阵雨过闻到了淡淡的香气，在水波之上试着淡淡的妆。仙袂飘飘带着一股冷气，鸥鸟伴着银色的池塘进入梦乡。

近代·高珮《荷花图》

高珮(1873～1914)，女，字德华，号蕴珊，秀水（今浙江嘉兴）人。郭似埙妻。少时濡染家学，工画花卉，秀雅绝伦。偶写山水，亦松秀可爱。此图以没骨法画水中荷花、芦苇，荷叶宽大，随风摇曳，造型简洁，描绘概括。设色艳而不俗，浓而不滞，趣味高雅。